Johann Caspar Bluntschli

Das moderne Kriegsrecht der zivilisierten Staaten

als Rechtsbuch dargestellt

Johann Caspar Bluntschli

Das moderne Kriegsrecht der zivilisierten Staaten
als Rechtsbuch dargestellt

ISBN/EAN: 9783742897978

Hergestellt in Europa, USA, Kanada, Australien, Japan

Cover: Foto ©Suzi / pixelio.de

Manufactured and distributed by brebook publishing software (www.brebook.com)

Johann Caspar Bluntschli

Das moderne Kriegsrecht der zivilisierten Staaten

Vorwort.

Diese Schrift bildet einen Abschnitt einer Darstellung des heutigen Völkerrechts in Form eines Rechtsbuchs, welches später dem Publikum übergeben werden soll. Die drohende Kriegsgefahr für Deutschland hat den Verfasser bestimmt, das Kriegsrecht ohne Verzug besonders herauszugeben.

Das Kriegsrecht ist seit den letzten Kriegen in Europa und in Amerika humaner geworden. Die Gefahren des Kriegs werden durch dasselbe ermässigt und der Gewalt der rohen Leidenschaften Schranken gesetzt. Aber die Kenntniss dieses modernen Kriegsrechts, so wichtig dieselbe ist sowohl für die Militär- als die Civilpersonen, ist keineswegs hinreichend verbreitet. Es ist daher eine Pflicht der Wissenschaft, dieselbe Jedermann zugänglich zu machen.

Als Vorbild für diese Arbeit haben die von Professor Lieber in New-York verfassten und von Präsident Lincoln für die Armee der Vereinigten Staten im Jahre 1863 verkündeten Kriegsartikel gedient. Ein ähnlicher Kriegscodex fehlt meines Wissens noch in der europäischen Litteratur. Jene Kriegsartikel sind vielfältig und zum Theil wörtlich benutzt worden. Ueberdem ist auch die internationale Genfer Convention über die Sorge für verwundete Krieger vom Jahre 1864 in die Darstellung aufgenommen worden.

Wenn es, was Gott verhüten möge, wirklich zum Kriege kommt, so ist es sehr wünschenswerth und geradezu eine Pflicht der Menschlichkeit, dass auch die Regierungen ihren Heeren genaue Vorschriften des kriegsrechtlichen Verhaltens mittheilen. Vielleicht lässt sich diese Schrift für diesen Zweck benutzen.

Wird, wie ich hoffe, die deutsche Nation mit dem Bürgerkriege verschont, so wird sowohl die Wissenschaft als die Gesetzgebung mit mehr Musse und Unbefangenheit die Feststellung des civilisirten Kriegsrechts unternehmen können. Auch dafür wird dieser Versuch als Vorarbeit dienen können.

Heidelberg, Ostern 1866.

Bluntschli.

A. Eigentliches Kriegsrecht.

1. Begriff des Kriegs. Kriegsparteien. Kriegsursachen. Kriegserklärung.

1. Krieg ist bewaffnete Selbsthülfe einer statlichen Macht im Widerstreit mit einer andern statlichen Macht, zur Vertheidigung eines behaupteten Rechts oder um einen Rechtsanspruch zu erzwingen.

2. In der Regel ist der Krieg ein Rechtsstreit zwischen Staten als Kriegsparteien über öffentliches Recht.

Es widerstreitet den civilisirten Statszuständen, welche für die privatrechtliche Gerichtsbarkeit sorgt, dass auch über streitiges Privatrecht Krieg geführt werde.

3. Eine bewaffnete Partei, welche nicht von einer bestehenden Statsgewalt zur Gewaltübung ermächtigt worden ist, wird dennoch insofern als Kriegspartei betrachtet, als sie als selbständige Kriegsmacht organisirt ist und an States Statt in gutem Glauben für öffentliches Recht streitet. Völker, welche ihre Heimat verlassen und damit ihren bisherigen Stat aufgeben, können so zu Kriegsparteien werden, bevor sie einen neuen Stat gegründet haben.

4. Piraten und Räuber sind niemals Kriegsparteien, wenn gleich sie als Kriegsmacht organisirt sind. Auch wider sie wird nicht Krieg geführt, sondern Statsgerichtsbarkeit geübt.

5. Das heutige humaner gewordene Völkerrecht ist geneigt auch eine aufständische thatsächlich als Kriegsmacht geordnete Partei und die Freischaaren, welche ihr zu Hülfe kommen, ungeachtet dieselben

nicht als selbständiges Volk organisirt und von keiner Statsgewalt ermächtigt sind, dennoch als Kriegspartei zu betrachten und zu behandeln, wenn ihnen der gute — obwohl vielleicht irrthümliche — Glaube an die Gerechtigkeit ihrer Sache nicht abzusprechen ist und sie ihrerseits in der Kriegsführung die Rechte des civilisirten Kriegsrechts beachten.

6. In zusammengesetzten Staten ist der Krieg zwischen der bestehenden Statsgewalt des Gesammtstats (Reichsgewalt, Bundesgewalt) und der Truppenmacht der Einzelstaten, wenn er den Schutz des Reichs- oder Bundesrechtes bezweckt, lediglich Executionskrieg, nicht ein völkerrechtlicher Krieg zwischen gleichgestellten Staten. Indessen betrachtet auch hier das moderne Völkerrecht beide Parteien als Kriegsparteien und dehnt die schützenden und die Wildheit des Kriegs ermässigenden Vorschriften des Kriegsrechts auf beide Parteien aus. Vorbehalten bleibt immerhin die Anwendung der Strafgerichtbarkeit gegen einzelne Anstifter der Rebellion.

7. Der Krieg ist gerecht, wenn und so weit die bewaffnete Rechtshülfe durch das Völkerrecht begründet ist, ungerecht, wenn dieselbe im Widerspruch mit den Vorschriften des Völkerrechts ist.

8. Als rechtmässige Ursache zum Krieg gilt nur eine ernste Rechtsverletzung, oder eine gewaltsame Besitzstörung, welche dem zum Krieg greifenden State widerfahren ist, oder womit er in gefährlicher Weise bedroht ist, oder eine schwere Verletzung der allgemeinen Weltordnung.

Als ernste Rechtsverletzung ist nicht bloss die Verletzung erworbener Rechte sondern ebenso die ungerechtfertigte Behinderung der nothwendigen Rechtsentwicklung und Rechtsbildung zu betrachten.

9. Das blosse Statsinteresse für sich allein rechtfertigt den Krieg nicht.

10. Aber auch für einen ungerechten, bloss aus selbstsüchtiger Absicht unternommenen Krieg sind die Vorschriften des Völkerrechts über die Art der Kriegsführung Massgebend.

11. Die rechtmässige Kriegsursache rechtfertigt den Krieg nur dann, wenn die Herstellung des Rechts, und die entsprechende Genugthuung und Sühne nicht auf friedlichem Wege sicher und ohne Zögerung zu erreichen sind.

12. Wenn ein Stat einen Angriffskrieg beginnt, ist er schuldig, vorerst den Versuch zu machen, ob nicht seine Forderungen ohne Krieg anerkannt und erfüllt werden, und ebenso verbunden, vorher seinen Entschluss zum Krieg vor Eröffnung der Feindseligkeiten anzukündigen.

13. Wird ein Angriffskrieg ohne Kriegsdrohung oder ohne Kriegserklärung lediglich durch thatsächliche Ueberraschung mit Feindseligkeiten begonnen, so wird diese Handlung von dem civilisirten Völkerrechte gemissbilligt, es wäre denn, dass ausnahmsweise das Völkerrecht die sofortige Anwendung der Kriegsgewalt wie z. B. gegen Seeräuber gestattet.

14. Die Ankündigung des bevorstehenden Kriegs kann durch Gesandte oder Herolde dem Gegner gegenüber förmlich erklärt oder durch ein allgemeines Kriegsmanifest aller Welt gegenüber eröffnet werden.

15. Bei Vertheidigungskriegen bedarf es einer vorherigen Kriegserklärung nicht. Die Annahme des Angriffskrieges kann durch Bekämpfung des Angreifers thatsächlich erklärt werden.

16. Es ist keineswegs nothwendig, dass ein längerer Zeitraum zwischen der Kriegsandrohung und dem Beginn der Feindseligkeiten für Unterhandlungen verstattet werde. Aber der gute Glaube und die Rücksicht auf die Regel des Friedens erfordern, dass dem Gegner so viel Zeit gegeben werde, um noch den Ausbruch des Krieges durch rasche Nachgiebigkeit zu vermeiden.

17. Das blosse Anerbieten, über den Frieden zu unterhandeln oder sogar Genugthuung zu gewähren, hindert den Vollzug der Kriegsdrohung nicht, wenn nicht zugleich verlässige Garantien für wirkliche und sofortige Befriedigung gegeben werden.

18. Die Kriegserklärung gilt zugleich als Kriegseröffnung, wenn der Krieg nicht vorher schon thatsächlich durch Acte der militärischen Gewalt begonnen worden ist.

19. Ist der Krieg auch nur von Einer Partei thatsächlich oder durch Kriegserklärung begonnen worden, so ist von dann an auch die andere Partei berechtigt, das Kriegsrecht anzurufen und anzuwenden.

2. Wirkungen des Kriegszustandes im Allgemeinen. Kriegsziel.

20. Die Kriegseröffnung hebt nicht alle Rechtsordnung auf, selbst nicht im Verhältniss der Kriegführenden Staten zu einander. Aber sie übt die Rechtsordnung verändernde Wirkungen aus
  a) im Verhältniss der Staten, welche Krieg führen zu einander und zu ihren Bundesgenossen,
  b) im Verhältniss zu den neutralen Staten,
  c) mit Rücksicht auf die Angehörigen der Kriegsparteien oder die Bewohner des Kriegsfeldes.

21. Der Krieg wird zwischen den Staten geführt und nicht unter oder mit den Privatpersonen.

22. Die Kriegführenden Staten sind nunmehr Feinde im eigentlichen Sinn, die Privatpersonen dagegen sind als solche nicht Feinde, weder unter einander noch dem feindlichen State gegenüber.

23. Inwiefern aber die Angehörigen eines States der Krieg führt, als Statsbürger oder Unterthanen der Statsgewalt öffentlich-rechtlich verpflichtet sind, werden sie auch von der Kriegsgewalt des Feindes betroffen, und inwiefern sie persönlich an dem Kampfe des States Theil nehmen, werden sie auch als mittelbare Feinde betrachtet und behandelt.

24. Der antike Satz, dass der Feind rechtlos sei, wird von dem heutigen Völkerrecht als unmenschlich verworfen.

Ebenso wird der Satz, dass wider den Feind Alles erlaubt sei, was dem Kriegführenden State nützlich erscheint, von dem civilisirten Völkerrecht als barbarisch missbilligt.

25. Das Völkerrecht verbindet auch die Kriegsparteien während des Kriegs und beschränkt dieselben in der Anwendung der zulässigen Gewaltmittel. Da der Krieg gewaltsame Rechtshülfe und sein Endziel Herstellung der Rechtsordnung und des Friedens ist, so darf auch die Kriegsgewalt die Schranken der Rechtsnothwendigkeit nicht durchbrechen und überschreiten und nichts thun, was die Erreichung des Endziels unmöglich macht.

26. Ausrottungs- und Vernichtungskriege gegen lebens- und culturfähige Völker sind völkerrechtswidrig.

27. Das Kriegsziel wird durch die Kriegsursache nur zum Theil bestimmt. Die Kriegsforderungen steigen mit den Opfern, die für den Krieg geleistet und mit den Gefahren, welche mit dem Kriege übernommen werden.

3. Kriegsrecht gegen den feindlichen Stat und in dem feindlichen Statsgebiete.

28. Der ständige diplomatische Verkehr zwischen den feindlichen Staten wird, wenn er nicht schon vor der Kriegseröffnung abgebrochen worden ist, nun in Folge derselben regelmässig aufgehoben und die Gesandten werden wechselseitig zurück gerufen oder zurück geschickt. Indessen kann der Gesandten-Verkehr ausnahmsweise auch während des Krieges fortgesetzt oder neu angeknüpft werden.

29. Auch die Vertragsverhältnisse zwischen den Staten, welche Krieg führen, werden nicht nothwendig durch die Kriegseröffnung aufgelöst oder suspendirt. Die Wirksamkeit der Verträge wird während des Krieges nur insoweit gehemmt, als die Kriegsführung mit derselben unvereinbar ist. Die eigens für den Kriegszustand geschlossenen Statenverträge, wie z. B. zum Schutz gewisser Anstalten oder zur Beseitigung gewisser Gewaltmittel, gelangen erst im Kriege zu ihrer Wirksamkeit.

30. Wenn ein Theil des feindlichen Statsgebiets — ein Platz, eine Stadt, ein Bezirk, ein Land — von der gegnerischen Kriegsgewalt besetzt wird, so verfällt dieser besetzte Theil sofort dem Kriegsrecht des Heeres, welches Besitz ergriffen hat. Die Gegenwart der kriegführenden Truppen in Feindesland wirkt auch ohne vorherige Erklärung. (Amerikanische Kriegsartikel 1.)

31. Das Kriegsrecht suspendirt die Autorität der feindlichen Statsgewalt in dem besetzten Gebietstheil und setzt die militärische Autorität der besetzenden Macht an ihre Stelle. (Am. 2.)

32. Der Befehlshaber über die besetzenden **Kriegstruppen** kann die bürgerliche Verwaltung und Rechtspflege ganz oder theilweise in dem besetzten Gebiet fortdauern lassen, wie in Friedenszeiten und wie vor der Besitznahme.

Aber diese Verwaltung muss hinwieder sich den Anordnungen unterwerfen, welche die militärische Nothwendigkeit und das Bedürfniss einer wirksamen Kriegführung fordern. (Am. 3.)

33. Die Träger der militärischen Autorität sind nicht entbunden von den Gesetzen der Menschlichkeit, der Gerechtigkeit, der Ehre und des civilisirten Kriegsgebrauchs. Militärische Unterdrückung ist nicht Ausübung sondern Missbrauch des Kriegsrechts. (Am. 4.)

34. Das Kriegsrecht ist weniger streng zu handhaben in Plätzen und Bezirken, deren Besitznahme gesichert erscheint und strenger da, wo die Gefahr des Kampfes um den Besitz fortdauert und nahe ist, am strengsten im Angesicht des wirklichen Kampfes selbst. (Am. 5.)

35. So weit die Besitznahme der Kriegsmacht reicht, erscheint die Regierungsgewalt des feindlichen States verdrängt. Inzwischen sind die Bewohner der besetzten Gebiete zu keinem Gehorsam gegen die verdrängte Regierung verbunden, aber genöthigt, der thatsächlich herrschenden Kriegsgewalt statlichen Gehorsam zu leisten.

36. Die Kriegsgewalt kann allgemeine Verordnungen erlassen, Einrichtungen treffen, Polizeigewalt und Steuerhoheit ausüben, so weit solches durch das Bedürfniss der Kriegsführung geboten ist, oder durch die Bedürfnisse der besetzten Gebiete und seiner Bewohner erfordert wird.

Sie hat sich aber bis zu definitiver Regelung der Statsverhältnisse die Verfassung ändernder und gesetzgeberischer Acte möglichst zu enthalten und darf die hergebrachte Rechtsordnung nur aus dringenden Gründen ausser Wirksamkeit setzen.

37. Da der Kriegszustand ein Nothstand und das Kriegsrecht ein Nothrecht ist, so können die militärisch gerechtfertigten Anordnungen der Kriegsgewalt nicht aus dem Grunde als ungültig angefochten werden, dass sie der Verfassung oder dem Landesrecht widersprechen.

38. So weit nicht die Kriegsgewalt besondere abweichende Vorschriften erlässt, hat die bürgerliche und die Strafgerichtsbarkeit des Landes ihren regelmässigen Fortgang. (Am. 6.)

Die Einführung einer ausserordentlichen kriegsgerichtlichen Rechtspflege — des sog. Standrechts — ist nur aus dem Grunde einer ernsten und dringenden Gefahr zulässig und ist vorher öffentlich zu verkünden.

39. Auch die standrechtlichen Kriegsgerichte dürfen nicht nach Willkür und nicht leidenschaftlich verfahren, sondern sind verpflichtet, die Fundamentalgesetze der Gerechtigkeit zu beachten. Insbesondere sollen sie den Angeschuldigten freie Vertheidigung gestatten, keine Tortur anzuwenden, den Thatbestand wenn auch summarisch doch unparteiisch prüfen, und nur eine verhältnissmässige Strafe über den Schuldigen erkennen. Aber sie sind nicht gebunden an die strengeren Vorschriften der gewöhnlichen Processgesetze.

Die Todesstrafe darf ohne Erlaubniss des Statshauptes nicht vollzogen werden, ausser wo der Drang der Umstände einen schnelleren Vollzug fordert, und dann nur mit Erlaubniss des obersten Befehlshabers der betreffenden Truppen. (Am. 12.)

40. Die Kriegsgewalt darf alles das thun, was die militärische Nothwendigkeit erfordert, d. h. soweit ihre Massregeln als nöthig erscheinen, um den Kriegszweck mit Kriegsmitteln zu erreichen und in Uebereinstimmung sind mit dem allgemeinen Recht und dem Kriegsgebrauch der civilisirten Völker. (Am. 14. 15.)

41. Dagegen verwirft das Kriegsrecht alle unnöthige Grausamkeit, allen Wort- und Treubruch auch gegen den Feind, alle Ausübung der Privatrache, und alle Handlungen der Gewinnsucht oder der Wollust, welche überall als gemeine Verbrechen verboten und bestraft werden, alle barbarische Zerstörung, alles was mit der Ehre der Truppen nicht vereinbar ist. (Am. 11.)

42. Die Kriegsgewalt darf von den Beamten in Feindesland den Eid eines zeitlichen Gehorsams fordern und sie entlassen und

fortweisen, wenn sie denselben verweigern. Der Gehorsam, den sie der Kriegsgewalt schulden, ist durch die Dauer der Besitznahme beschränkt.

43. Wenn der Commandant eines festen Platzes die unkriegerischen Bewohner in der Absicht fortweist, um den Platz gegen den Feind behaupten zu können, so kann diese Massregel durch die militärische Nothwendigkeit gerechtfertigt sein. Aber auch der Belagerer kann sich auf dieselbe Nothwendigkeit berufen, wenn er in der Absicht, die Uebergabe des Platzes zu beschleunigen, jene Bewohner nicht wegziehen lässt. Greift der Belagerer zu dieser zwar extremen aber nicht völkerrechtswidrigen Massregel, so ist der Belagerte genöthigt, den Aufenthalt der Bewohner wieder im Platze zu gestatten. (Am. 18.)

44. Die gute Kriegssitte verlangt, dass der Belagerer, wenn es thunlich erscheint, vor dem Bombardement eines Platzes die Absicht dazu ankündige, damit die Nichtstreiter, insbesondere Weiber und Kinder entfernt oder sonst in Sicherheit gebracht werden. Indessen kann Ueberraschung mit einem Bombardement nöthig sein, um den Platz bald zu gewinnen und dann ist die Unterlassung jener Anzeige gerechtfertigt.

45. Die Thätigkeit der fremden Gesandten und diplomatischen Personen, welche bei der feindlichen Regierung beglaubigt sind, hört von Rechts wegen für das besetzte Gebiet auf. Indessen pflegt die besetzende und erobernde Macht im Interesse des völkerrechtlichen Verkehrs die betreffenden Gesandten in diesem Gebiete ebenso zu schützen und ihnen thatsächliche Wirksamkeit zu gestatten, wie wenn dieselben vorübergehend bei ihr beglaubigt wären.

46. Auch die fremden Consuln, welche von der feindlichen Regierung ermächtigt worden sind, im Lande thätig zu sein, werden von der erobernden Kriegsmacht in ihrer Wirksamkeit möglichst wenig belästigt und so behandelt als ob sie von der letztern inzwischen ermächtigt wären.

4. Unerlaubte Kriegsmittel.

47. Der Gebrauch vergifteter Waffen oder die Verbreitung von Giftstoffen und Contagien im Feindesland ist völkerrechtswidrig.

48. Ebenso sind untersagt Waffen, welche zwecklose Schmerzen verursachen, wie Pfeile mit Widerhaken, gehacktes Blei oder Glassplitter statt der Flintenkugeln.

49. Der guten Kriegssitte widerspricht das Schiessen von Kettenkugeln im Land- und von glühenden Kugeln im Seekrieg.

50. Das Völkerrecht verwirft den Meuchelmord eines Individuums im feindlichen Heere oder in der feindlichen Regierung oder in dem feindlichen Lande als ein unerlaubtes Kriegsmittel. Die civilisirten Völker verabscheuen jede Ausschreibung von Preisen auf den Kopf eines Menschen als barbarisch. (Am. 148.)

51. Auch die Achterklärung gegen einen Einzelnen, durch welche er als rechtlos und vogelfrei dem straflosen Angriff von Jedermann Preis gegeben wird, ist dem heutigen Kriegsrecht ebenso fremd geworden, wie dem heutigen Friedensrecht. Der Mensch ist niemals rechtlos. (Am. 148.)

52. Das Völkerrecht verwirft den Verrath als Kriegsmittel und gestattet der Kriegsgewalt nicht, Verräther anzustiften und zu dingen. Aber es hindert dieselbe nichts, die durch Verräther erlangte Kenntniss von Thatsachen im Kriege zu benutzen, und ebenso wenig Verbindungen mit den politischen Parteien im Feindeslande zu unterhalten, welche das Streben der Kriegsgewalt unterstützen, und sogar zu Aufständen zu ermuthigen.

53. Die Kriegsgewalt darf überhaupt keine gemeinen Verbrechen als Kriegsmittel benutzen und daher nicht dazu anstiften. Aber was in einem State als politisches Verbrechen bestraft wird, das wird von einem andern State unter Umständen als politisch zulässig betrachtet, zuweilen sogar als politische Tugend geehrt. Daher ist auch im Kriege die Anstiftung zu Handlungen, welche in dem Lande, wo sie verübt werden, als politische Verbrechen bestraft werden, der gegnerischen Kriegsgewalt nicht nothwendig durch das Völkerrecht untersagt.

54. Die List ist im Kriege erlaubt und daher auch die Täuschung des Feindes, sogar indem seine Uniform oder seine Fahnen oder Flaggen benutzt werden. Indessen vor dem wirklichen Zusammenstoss muss jeder Heereskörper unter seiner wahren Fahne und Flagge erscheinen, und darf nur als offenbarer Feind fechten.

55. Auch dem Feinde muss man Treue halten. Die Verletzung einer dem Feinde gegebenen Zusage oder Zusicherung ist daher völkerrechtswidrig, wenn gleich sie für die Kriegsführung nützlich erschiene.

56. Wenn der Feind die Schranken der guten Kriegssitte missachtet oder völkerrechtswidrige Kriegsmittel anwendet, so sind Repressalien gestattet. Indessen dürfen auch in der Anwendung von Repressalien nicht die Grundgebote der Menschlichkeit verletzt werden. Die Barbarei des Feindes rechtfertigt nicht die eigene Barbarei, sondern nur eine grössere Härte und Strenge in der Anwendung der eigenen Gewalt, um den Feind zu geordneter Kriegführung zu bewegen. (Am. 27. 28.)

5. Recht und Pflicht der Kriegsgewalt gegenüber den feindlichen Personen und den friedlichen Bewohnern in Feindesland. Quartiergeben. Verwundete in der Schlacht. Kriegsgefangene. Geiseln. Auswechselung der Gefangenen. Entlassung auf Ehrenwort.

57. Das moderne Völkerrecht der civilisirten Völker erkennt kein absolutes Recht der Kriegsgewalt weder über die friedlichen Bewohner in dem feindlichen Lande noch selbst über die kriegerischen Angehörigen des feindlichen States. Das angebliche Recht des Siegers über Leben und Tod und persönliche Freiheit der Besiegten zu verfügen ist im Widerspruch mit dem Menschenrecht und mit der natürlichen Beschränkung aller Statsgewalt, demgemäss auch aller Kriegsgewalt. (Am. 23.)

58. Als feindliche Personen im eigentlichen activen Sinne gelten die, welche an dem Kampfe der Staten persönlich und in geordneter Weise Theil nehmen, indem sie zu dem Heere gehören und unter den Befehlen der feindlichen Macht stehen.

59. Die Parteigänger und die Freischaaren werden insofern als Feinde betrachtet, als sie zu ihrem Unternehmen von einer Statsmacht beauftragt oder ermächtigt sind oder wenigstens in gutem Glauben an ihr politisches Recht eine Kriegsunternehmung wagen und als militärisch geordnete Truppen erscheinen und handeln. (Am. 81.)

60. Personen, welche ohne statliche Ermächtigung auf eigene Faust kriegerische Streifzüge machen und dann wieder willkürlich als Bürger sich gebaren und ihren Beruf als Kriegsleute verbergen, werden nicht als öffentliche Feinde betrachtet und haben keinen Anspruch darauf, als solche behandelt zu werden, sondern können nach Umständen als Räuber zur Verantwortung gezogen und gestraft werden. (Am. 82.)

61. Ebenso werden Freischaaren, welche ohne statliche Ermächtigung in selbstsüchtiger Absicht kriegerische Gewalt üben und die Unternehmer von Kaperschiffen nicht als Feinde sondern als Verbrecher behandelt.

62. Die friedlichen Bewohner in Feindesland, welche an dem Kampfe keinen thätigen Antheil nehmen, unterliegen zwar den nothwendigen Wirkungen des Kriegs und müssen der öffentlichen Gewalt — also auch der siegreichen Kiegsgewalt — Gehorsam leisten, aber sie sind nicht als öffentliche Feinde zu betrachten und zu behandeln.

63. Weder die Kriegsgewalt noch die einzelnen siegreichen Krieger sind berechtigt, einzelne Personen willkürlich und zwecklos zu tödten, zu verwunden, zu misshandeln, zu quälen, die Frauen zu missbrauchen oder ihre Keuschheit zu verletzen, zu Sclaven zu machen oder zu verkaufen. (Am. 16. 23. Am. 42.)

64. Die Kriegsgewalt ist verpflichtet das Menschenrecht auch in den feindlichen Personen zu beachten und durch ihre Autorität zu schützen, und wenn solche Missethaten von Soldaten der siegenden Armee verübt werden, die Thäter zu bestrafen.

65. Es ist wider das Völkerrecht, die Unterthanen der feindlichen Staten zu nöthigen, in den Kriegsdienst der siegreichen Macht zu treten, so lange nicht die Eroberung vollzogen und die Besitznahme des Landes auf die Dauer als begründet erscheint.

66. Auch die Religion, die Sprache und die Bildung, die Ehre der besiegten Feinde und der unterworfenen Privatpersonen sind, so weit es die Umstände erlauben, zu schonen und wider Vergewaltigung zu schützen. (Am. 37.)

67. Die bewaffneten Feinde sind den unvermeidlichen Gefahren des Kampfes zunächst persönlich ausgesetzt, und können im Kampfe mit Recht getödtet, verwundet, verstümmelt werden. Die Kämpfer im Heere werden auch von den Gefahren des Einzelnkampfes betroffen. Die sogenannten Nichtkämpfer im Heere (Justiz- und Verpflegungsbeamte, Feldgeistliche, Aerzte, Marketender) können sich dem Schicksal, das ihren Truppenkörper betrifft nicht entziehen und sind auch den allgemeinen Gefahren des Kampfes ausgesetzt, aber werden doch nur ausnahmsweise aus Nothwehr in den Einzelnkampf verwickelt. Es ist gegen die gute Kriegssitte, auch diese Personen einzeln anzugreifen und zu tödten oder zu verwunden.

68. Der moderne Krieg ist nicht auf wechselseitige Vernichtung und Tödtung gerichtet, sondern auf ein berechtigtes Kriegsziel, wofür der Krieg nur als Zwangsmittel dient. (Am. 68.)

Unnöthige und rachsüchtige oder muthwillige Tödtung auch der bewaffneten Feinde ist Unrecht.

69. Der Befehl, dem Feinde kein Quartier zu geben, darf nur aus Gründen der Wiedervergeltung und berechtigten Strafe und in äussersten Nothfällen, insbesondere dann gegeben werden, wenn es der eigenen Sicherheit wegen unmöglich ist, sich mit Kriegsgefangenen zu belasten, niemals aber aus Hass und Rache. Kein Truppenkörper ist berechtigt, zu erklären, dass er überhaupt Quartier weder gebe noch annehme. Das wäre nicht mehr Kriegsführung sondern mörderische Barbarei. (Am. 60.)

70. Feindliche Truppen, welche ihrerseits kein Quartier geben, haben auch den Anspruch verwirkt, dass ihnen Quartier gewährt werde. (Am. 62.)

71. Truppen, welche in der Uniform oder mit den Fahnen oder Flaggen ihrer Feinde fechten ohne ehrliche und offenbare Kennzeichen ihrer Parteistellung dürfen kein Quartier erwarten. (Am. 63. 65.)

72. Die eigene Ueberzeugung, dass der Feind für eine ungerechte Sache ficht, begründet nicht das Recht, seinen Truppen das Quartier zu verweigern.

73. Feindliche Personen, welche die Waffen strecken und sich dem Sieger ergeben, sind zu schonen und dürfen weder getödtet noch verwundet, wohl aber entwaffnet und zu Kriegsgefangenen gemacht werden.

74. Die Ambulancen und Militärspitäler werden als neutral anerkannt und demgemäss von den Kriegführenden geschützt und geachtet werden, so lange sich Kranke oder Verwundete darin befinden.

Die Neutralität würde aufhören, wenn solche Ambulancen oder Spitäler mit militärischer Macht besetzt wären. (Intern. Vertrag zu Genf v. 22. Aug. 1864. Art. 1.)

75. Das Personal der Spitäler und Ambulancen für die Aufsicht und den Gesundheits-, Verwaltungs- und Krankentransportdienst, sowie die Feldprediger haben, so lange sie ihren Verrichtungen obliegen und Verwundete aufzuheben oder zu verpflegen sind, Theil an der Wohlthat der Neutralität. (Ebenda Art. 2.)

76. Die im vorgehenden Artikel bezeichneten Personen können auch nach der Besitznahme durch den Feind in den von ihnen besorgten Spitälern oder Ambulancen ihrem Amte obliegen oder sich zu dem Corps zurückziehen, dem sie angehören.

Wenn diese Personen unter solchen Umständen ihre Verrichtungen einstellen, so sind sie den feindlichen Vorposten von Seite des den Platz inne habenden (besitzenden) Heeres zuzuführen. (Ebenda Art. 3.)

77. Das Material der Militärspitäler unterliegt den Kriegsgesetzen und die denselben zugetheilten Personen dürfen daher bei ihrem Rückzug nur die ihr Privateigenthum bildenden Sachen mitnehmen.

Dagegen verbleibt den Ambulancen unter gleichen Umständen ihr Material. (Ebenda Art. 4.)

78. Die Landesbewohner, welche den Verwundeten zu Hülfe kommen, sollen geschont werden und frei bleiben. Die Generale der kriegführenden Mächte sind verpflichtet, die Einwohner von dem an ihre Menschlichkeit ergehenden Rufe und der daraus folgenden Neutralität in Kenntniss zu setzen.

Jeder in einem Hause aufgenommene und verpflegte Verwundete soll diesem als Schutz dienen. Wer Verwundete bei sich aufnimmt, soll mit Truppeneinquartierungen und theilweise mit allfälligen Kriegscontributionen verschont werden. (Ebenda Am. 5.)

79. Die verwundeten oder kranken Krieger sollen gleichviel welchem Volke sie angehören, aufgehoben und verpflegt werden.

Den Feldherren soll gestattet sein, die während des Kampfes Verwundeten sofort den feindlichen Vorposten zu übergeben, wenn die Umstände es erlauben und beide Theile zustimmen.

Diejenigen, welche nach ihrer Genesung dienstuntüchtig befunden werden, sind heimzuschicken.

Die andern können ebenfalls nach Hause entlassen werden unter der Bedingung, dass sie für die Dauer des Krieges die Waffen nicht mehr tragen.

Die Evacuationen und das sie leitende (besorgende) Personal werden durch unbedingte Neutralität geschützt. (Ebenda Art. 6.)

80. Eine auszeichnende und überall gleiche Fahne wird für die Spitäler, Ambulancen und Evacuationen angenommen. Ihr soll unter allen Umständen die Landesfahne zur Seite stehen.

Dessgleichen wird für das neutralisirte Personal ein Armband zugelassen, dessen Verabfolgung jedoch der Militärbehörde überlassen bleibt.

Fahne und Armband tragen das rothe Kreuz auf weissem Grund. (Ebenda Art. 7.)

81. Die siegende Kriegsgewalt ist berechtigt Kriegsgefangene zu machen.

82. In der Regel sind alle feindlichen Personen der Kriegsgefangenschaft ausgesetzt, friedliche Bewohner in Feindesland aber nur ausnahmsweise, insofern solches die Sicherheit des kriegführenden Heeres oder des kriegführenden States erfordert. (Am. 49.)

83. Die Nichtkämpfer im Heere und selbst solche Personen, welche sich dem Heere anschliessen ohne dazu zu gehören, Bericht-

erstatter, Correspondenten von Journalen, Lieferanten, können zu Kriegsgefangenen werden, wenn sich der Truppenkörper ergibt, an den sie sich angeschlossen haben. (Am. 50.)

84. Die Eigenschaft einer souveränen oder diplomatischen Person befreit nicht von der Gefahr der Kriegsgefangenschaft, wenn dieselben zu der feindlichen Macht gehören oder Bundesgenossen derselben sind oder wenn dieselben an der Kriegsführung sich persönlich betheiligt haben. (Am. 50.)

85. Wenn die Bevölkerung sich in Masse zur Vertheidigung ihres Landes erhebt, so wird dieselbe als Feind behandelt und kann kriegsgefangen werden. (Am. 51.)

86. Kein Befehlshaber ist zu der Drohung berechtigt, dass er die nicht uniformirten Landstürmer als Räuber behandeln werde.

Wenn aber eine feindliche Gegend von der Kriegsgewalt eingenommen und besetzt ist, so gilt während dieses Besitzes eine Volkserhebung als Verletzung des Kriegsrechts und kann strafrechtlich behandelt werden. (Am. 52.)

87. Geistliche, Aerzte, Apotheker, Heilgehülfen und ebenso friedliche Begleiter eines gefangenen Truppenkörpers sind in der Regel mit Kriegsgefangenschaft zu verschonen, wenn nicht besondere Gründe es zweckmässig erscheinen lassen, dass sie bei ihren gefangenen Truppen verbleiben. Die Ausübung ihres Berufes ist ihnen jedoch, soweit es die Umsände erlauben, auch während der Kriegsgefangenschaft zu gestatten. (Am. 53.)

88. Die Geiseln, welche von dem feindlichen State oder der feindlichen Bevölkerung gestellt oder von der Kriegsgewalt aus dringenden Gründen der Sicherheit genommen werden, sind den Kriegsgefangenen ähnlich in ihrer freien Bewegung gehemmt. Indessen wird der Entzug oder die Beschränkung ihrer Bewegungsfreiheit durch die Rücksicht auf den Zweck näher bestimmt und begrenzt, um dessenwillen die Geiseln gegeben oder genommen sind. (Am. 54.)

89. Kriegsgefangene sind nicht Strafgefangene sondern Sicherheitsgefangene. Sie dürfen nicht misshandelt noch gequält noch zu unwürdigen Handlungen gezwungen werden. Es ist eines civilisirten States unwürdig Kriegsgefangene barbarisch oder grausam zu behandeln. (Am. 56. 75.)

90. Personen, welche wegen eines vor ihrer Kriegsgefangenschaft verübten Vergehens der Strafgerichtsbarkeit des Nehme-Stats unterworfen sind, können auch nachher von dem Gerichte verfolgt und bestraft werden. (Am. 59.)

91. Die Kriegsgefangenen sind nicht Gefangene des Individuums, dem sie sich ergeben haben, sondern des States. Sie können daher auch nicht von jenem losgekauft werden sondern nur von dem State. (Am. 74.)

92. Kriegsgefangene sind der Eingrenzung in eine Festung oder eine Stadt oder einen anderen Ortsumfang und sogar, wenn nöthig, dem Gefängnisse unterworfen, soweit die Interessen der Sicherheit es erfordern. (Am. 75.)

93. Der Nehmestat ist verpflichtet für die Ernährung und für die Gesundheit der Kriegsgefangenen soweit nöthig zu sorgen.

94. Soweit die Kriegsgefangenen aus eigenen Mitteln für ihren Lebensunterhalt zu sorgen im Stande sind, ist der Stat nicht dazu verpflichtet.

95. Die Kriegsgefangenen müssen sich allen den Anordnungen fügen, welche der Nehmestat im Interesse ihrer sichern Verwahrung für nöthig erklärt.

96. Dieselben können auch inzwischen zu Arbeiten angehalten werden, welche ihren bürgerlichen Verhältnissen und ihrem Range angemessen erscheinen. Aber niemals dürfen sie zur Theilnahme an dem Waffenkampf zu Gunsten des Nehmestates angehalten werden. Auch dürfen sie nicht gezwungen werden irgend welche Aufschlüsse zu geben oder Mittheilungen zu machen, welche die Interessen des States gefährden, welchem sie gedient haben. (Am. 76. 80.)

97. Ein Kriegsgefangener, welcher entspringt, kann bei der Verfolgung auf der Flucht getödtet, aber er darf nicht, wenn er wieder eingefangen wird, wegen des Fluchtversuchs gestraft werden, da dieser kein Vergehen und nach Kriegsrecht erlaubt ist. Dagegen ist strengere Bewachung desselben veranlasst und erlaubt. (Am. 77.)

98. Eine Verschwörung unter den Kriegsgefangenen zu allgemeiner Befreiung kann wegen ihrer Gefährlichkeit kriegsgerichtlich bestraft werden. Ebenso ein Complot unter den Kriegsgefangenen zum Aufruhr gegen die bestehenden Autoritäten. Sogar die Todesstrafe ist in schwereren Fällen der Art gerechtfertigt. (Am. 77.)

99. Wenn es einzelnen Kriegsgefangenen oder auch den Kriegsgefangenen insgesammt gelingt, zu entkommen und sie später nochmals kriegsgefangen werden, so können sie wegen der früheren Flucht nicht gestraft werden, und sind nur sorgfältiger zu verwahren. (Am. 78.)

100. Die Auswechselung der Kriegsgefangenen während des Krieges ist Sache der freien Convenienz der kriegführenden Staten. Ohne vorherigen Vertrag ist kein Stat verpflichtet dieselbe zu gewähren. Auch eine vorherige Verabredung verliert ihre Verbindlichkeit, wenn der andere Paciscent dieselbe verletzt hat. (Am. 109.)

101. Im Zweifel ist anzunehmen, dass die Auswechselung Mann für Mann, Rang für Rang, Verwundete für Verwundete gemeint sei und dass die Entlassenen wechselseitig für eine bestimmte gleiche Zeitfrist nicht mehr zu Kriegsdiensten verwendet werden. (Am. 105.)

102. Für Gefangene von höherem Rang werden in Ermanglung von gegnerischen Gefangenen desselben Ranges je nach der Verabredung eine Anzahl Gefangener von geringerem Rang ausgewechselt. (Am. 106.)

103. Die Kriegsgefangenen haben die Ehrenpflicht ihren wirklichen Rang anzumelden und weder einen niedrigeren Rang in der Absicht anzugeben, ihrem State bei der Auswechselung einen Vor-

theil zuzuwenden, noch einen höheren Rang zu behaupten, um eine bessere Verpflegung zu erhalten. Verletzungen dieser Pflicht werden mit Recht von den Commandanten der entlassenen Gefangenen bestraft und können eine gerechte Ursache werden, die Entlassung solcher Gefangenen zu verweigern. (Am. 107.)

104. Die Ueberzahl von entlassenen Gefangenen mag durch ein entsprechendes Lösegeld oder andere Gegenleistungen ausgeglichen werden. Solche Verabredungen bedürfen aber im Zweifel der Genehmigung der obersten Autoritäten. (Am. 108.)

105. Kriegsgefangene können nach Umständen auch auf Ehrenwort entlassen werden. (Am. 119.)

106. Ehrenwort bedeutet die Einsetzung der persönlichen Ehre und der ehrlichen Treue, die versprochene Zusage zu erfüllen, mit Rücksicht auf welche die Entlassung gewährt ist. (Am. 120.)

107. Die Abgabe des Ehrenworts ist zwar ein individueller aber kein blosser Privatact, sondern gehört dem öffentlichen Rechte an. (Am. 121.)

108. Kein Kriegsgefangener kann zur Ertheilung des Ehrenworts gezwungen werden und keine Regierung ist verpflichtet, Kriegsgefangene auf Ehrenwort hin frei zu geben. Die Kriegspartei kann aber durch eine allgemeine Verordnung erklären, ob und unter welchen Bedingungen sie Gefangene auf Ehrenwort entlassen werde. (Am. 133. 132.)

109. Soldaten können das Ehrenwort nur durch Vermittlung ihrer Offiziere und auch diese nur mit Genehmigung ihres obersten Officiers geben, der zur Stelle ist. (Am. 126. 127.)

110. Während der Schlacht ist die Entlassung auf Ehrenwort nicht zulässig und unwirksam. (Am. 128.)

111. Die gewöhnliche Einsetzung des Ehrenworts hat den Sinn, dass der auf Ehrenwort entlassene Kriegsgefangene während des Kriegs nicht mehr gegen den entlassenden Stat fechten werde,

ausser es wäre für ihn später ein anderer Kriegsgefangener ausgewechselt worden und in Folge dessen das Recht der Auswechselung massgebend geworden. (Am. 130.)

112. Das Versprechen bezieht sich nur auf den activen Felddienst gegen die entlassende Kriegspartei und ihre Bundesgenossen, nicht auf den innern Militärdienst, z. B. Einexerciren von Rekruten und nicht auf civile oder diplomatische Dienstleistungen, auch nicht auf das Fechten wider andere Feinde. (Am. 130.)

113. Ein Officier, welcher dem Ehrenwort zuwider neuerdings gegen die entlassende Kriegspartei ficht, kann um dieses Bruchs willen gestraft und sogar zum Tode verurtheilt werden. (Am. 130.)

114. Wenn die Regierung, welcher der auf Ehrenwort entlassene Officier angehört, das Versprechen nicht billigt, so ist derselbe verpflichtet, sich wieder zur Kriegsgefangenschaft zu stellen. Nimmt ihn der Feind nicht mehr als Gefangenen an, so ist er von seiner Zusage befreit und des Ehrenwortes entlassen. (Am. 131.)

6. Verfahren gegen Deserteure und Ueberläufer. Spione, Kriegsverräther, Wegeführer, Räuber, Marodeurs, Kriegsrebellen.

115. Deserteure, die wieder eingebracht werden, oder Ueberläufer zum Feinde, welche wieder gefangen werden, sind der strafgerichtlichen Behandlung des Kriegsrechts unterworfen und können mit dem Tode bestraft werden. (Am. 48.)

116. Spione werden, wenn sie bei der Erfüllung ihrer Absicht ergriffen werden, kriegsrechtlich mit dem Tode bestraft, ohne Rücksicht darauf, ob sie aus Auftrag handelten und ob ihre Späherei von Erfolg war oder nicht. (Am. 88.)

117. Als Spion wird betrachtet, wer heimlicher Weise oder unter trügerischen Vorwänden sich in die Linien des Heeres in der Absicht einschleicht oder begibt, um Erkundigungen einzuziehen, welche die Kriegsführung betreffen und dieselben an den Feind mitzutheilen.

118. Militärpersonen, welche offen in die feindliche Linie eindringen, wenn auch in der Absicht, die Stellung und Verhältnisse des Feindes zu erkundigen und Truppentheile, welche recognosciren, sind nicht als Spione zu betrachten. (Am. 88.)

119. Auch wer solche Erkundigungen über die Kriegsführung, die ihm auf gesetzlichem Wege oder in erlaubter Weise zugekommen sind, zum Nachtheil des Heeres in dessen Bereich er sich befindet, an den Feind mittheilt, wird als **Kriegsverräther** kriegsrechtlich und in schweren Fällen mit dem Tode bestraft. (Am. 89. 90.)

120. Von der Strafe des Kriegsverraths wird auch der bedroht, welcher aus einem von der feindlichen Kriegsmacht besetzten Orte an sein heimatliches Heer oder seine heimatliche Regierung Mittheilungen in der Absicht macht, die jene Orte besetzende Kriegsmacht zu gefährden. Indessen wird diese Strafe nur durch die militärische Nothwendigkeit gerechtfertigt. Die That selbst kann nicht als ehrlos gebrandmarkt werden. (Am. 92.)

121. Wenn ein Spion oder Kriegsverräther glücklich zu seinem Heere zurückkehrt, dem er zugehört oder das seinem Vaterlande dient, und später gefangen wird, so wird er wegen seiner früheren kriegsgefährlichen Handlung nicht mehr bestraft, aber ist als besonders gefährlicher Gefangener schärferer Ueberwachung ausgesetzt. (Am. 104.)

122. Wer freiwillig dem feindlichen Heere als Wegeführer sich anbietet und die Wege zeigt, wird als Kriegsverräther betrachtet und bestraft. (Am. 95. 96.)

123. Wer dagegen von den feindlichen Truppen genöthigt wird, als Wegeführer die Wege zu zeigen, ist auch vor dem Kriegsrecht gerechtfertigt. (Am. 93. 94.)

124. Wegeführer, welche die Truppen absichtlich missleiten, verfallen dem Kriegsrecht dieser Truppen und können mit dem Tode bestraft werden. (Am. 97.)

125. Auch den diplomatischen Agenten ist nicht gestattet, während des Kriegs aus dem von Truppen besetzten Lande über die militärischen Zustände und Vorgänge Mittheilungen nach aussen zu machen, welche der kriegführende Gegner zum Schaden der ersteren Kriegspartei benutzen kann. Zuwiderhandelnde werden mit sofortiger Wegweisung bestraft oder dürfen, bei grosser Gefahr sogar verhaftet und einstweilen sicher verwahrt werden. (Am. 98.)

126. Auch den fremden Besuchern und Berichterstattern ist in dieser Hinsicht grosse Vorsicht zur Pflicht gemacht. Die Befehlshaber können ihnen bestimmte Mittheilungen untersagen und nach

Umständen eine Controle ihrer Correspondenzen anordnen, beziehungsweise sie wegweisen oder verwahren lassen oder sie sogar der kriegsrechtlichen Bestrafung überantworten. (Am. 98.)

127. Couriere mit Depeschen oder mündlichen Aufträgen werden, wenn sie offen in solcher Eigenschaft und insbesondere in Uniform reisen und in die Gewalt der Feinde gerathen, als Kriegsgefangene behandelt, wenn sie aber heimlich sich durchzuschleichen suchen, so sind sie zwar nicht als Spione oder Kriegsverräther anzusehen aber verfallen doch einer den Umständen entsprechenden kriegsrechtlichen Bestrafung. (Am. 99.)

128. Heimliche Versuche den Feind zu schädigen, welche nicht zu der regelmässigen Kriegsführung gehören, können wegen ihrer Gefährlichkeit kriegsrechtlich mit dem Tode bestraft werden. (Am. 101.)

129. Bewaffnete Räuber oder andere Missethäter, welche auf eigene Faust in gewinnsüchtiger Absicht oder aus Rachsucht morden, verwunden, rauben, plündern, brennen, Brücken und Canäle zerstören, den Eisenbahn- und Telegraphenverkehr abbrechen und andern Schaden verursachen, werden, wenn sie dabei in die Gewalt der Truppen fallen, kriegsrechtlich und in schweren Fällen mit dem Tode bestraft. (Am. 104.)

130. Ebenso unterliegen der kriegsrechtlichen Bestrafung bis zur Todesstrafe die Marodeurs, welche den Truppen nachschleichen, und auf unerlaubte Beute ausgehen.

131. Auch die Kriegsrebellen, d. h. die, welche in einem von den Truppen besetzten Gebiete, die Waffen gegen dieselben ergreifen, können vor Kriegsgericht gestellt und mit dem Tode bestraft werden. (Am. 85.)

7. Recht der Kriegsgewalt über das feindliche Vermögen und das Vermögen der friedlichen Personen in Feindesland.

A. Im Landkrieg.

132. Die siegende Kriegsgewalt eignet sich nach Kriegsrecht alle öffentliche Habe des Feindes an, so weit sich ihre Macht erstreckt. Vorbehalten bleibt das Recht des Heimfalls an den Stat, dem diese Habe nach Friedensrecht zugehört hat bis zur endlichen neuen Friedensordnung. (Am. 31.)

133. Insbesondere sind die Kriegscassen, Waffen und Waffenvorräthe, Magazine mit Lebensmitteln, Transportmittel für das Heer und überhaupt alles das Vermögen, welches der Kriegsführung unmittelbar dient, als Kriegsbeute zu betrachten und fallen zur Verfügung und Benutzung dem siegenden Heere zu, vorbehalten die besonderen Anordungen der siegenden Statsgewalt.

134. Ebenso ist die siegende Kriegsgewalt berechtigt, sich auch der öffentlichen Gebäude und Grundstücke in Feindesland zu den Zwecken der Kriegsführung und zur Verwaltung der einstweiligen Statsgewalt zu bemächtigen und die Einkünfte derselben zu benutzen. Ob das Eigenthum an diesen liegenden Gütern auf den siegenden Stat übergehe, hängt von dem Friedensschlusse und insbesondere davon ab, ob der siegende Stat dauernde Hoheit über den Gebietstheil erwerbe, in welchem diese Güter gelegen sind.

135. Die siegende Kriegsgewalt verfügt auch über die öffentlichen Einkünfte und Steuern, welche in dem eingenommenen Ge-

biete erhoben werden, in dem Sinne jedoch, dass die regelmässigen und unvermeidlichen Ausgaben für die Verwaltung des Rechts und der öffentlichen Interessen daraus fortbestritten werden.

136. Das Eigenthum der Kirchen, Spitäler, wohlthätiger Anstalten, der Schulen, Universitäten, Akademien, Observatorien, Museen, und andere Culturanstalten ist möglichst zu schonen und das dazu gehörige bewegliche Vermögen ist nicht als öffentliche Habe des Feindes im Sinne des §. 132 zu betrachten. Indessen übt der siegende Stat auch in dieser Hinsicht einstweilen die Rechte des besiegten States aus. (Am. 34.)

137. Die muthwillige Zerstörung oder Schädigung wissenschaftlicher Instrumente oder Sammlungen, der Denkmäler und Kunstwerke in dem eingenommenen Gebiete wird nicht durch die Ausübung des civilisirten Kriegsrecht entschuldigt sondern ist offenbare Barbarei. (Am. 35.)

138. Das heutige Völkerrecht verwehrt dem Sieger noch nicht, Kunstwerke, wenn es ohne Beschädigung derselben geschehen kann, wegzunehmen und anderwärts aufzustellen. Ueber das Eigenthum daran entscheidet dann der Friede. Aber es wird von der heutigen Völkersitte nicht mehr gestattet, dass solche Kunstwerke von dem Sieger während des Krieges verkauft, verschenkt oder in anderer Weise zu Privateigenthum gemacht werden. Heute schon gilt auch die Wegnahme von wissenschaftlichen Sammlungen, Bibliotheken, Instrumenten zum Schaden der wissenschaftlichen Cultur des betreffenden Landes als eine Massregel, welche wider die civilisirte Völkersitte verstösst. (Am. 36.)

139. Das Privateigenthum ist auch im Kriege von Seite der siegenden Kriegsgewalt zu respectiren, und darf nur in Folge der militärischen Nothwendigkeit angegriffen werden. (Am. 38.)

140. Wenn die Kriegsgewalt in Ermangelung der geordneten Lieferung von Lebensmitteln, Kleidern, Waffen und Geräthschaften für das Heer genöthigt ist, auf dem Wege des Zwangs, Abtretung von Privateigenthum zu verlangen, so ist der betreffende Fiscus zu angemessener Entschädigung verpflichtet, und es ist daher dem abtretenden Eigen-

genthümer eine Bescheinigung über die abgelieferte oder abgenommene Habe zu ertheilen. (Am. 38.)

141. Die Kriegsgewalt ist berechtigt, die durch die Kriegsführung nothwendig gewordenen Leistungen der Bevölkerung für Verpflegung und Transportirung der Truppen und des Kriegszeuges so weit ohne Entschädigung zu fordern, als die Pflicht dafür zu sorgen und beizusteuern, in dem Lande gesetzlich oder übungsmässig besteht, über dieses Mass hinaus nur gegen Entschädigung.

142. Den Kriegsleuten ist nicht erlaubt, Privateigenthum wegzunehmen oder muthwillig oder aus Rachsucht zu schädigen. Handlungen der Art werden strenge nach Kriegsrecht bestraft.

143. Das heutige Völkerrecht verwirft das sogenannte Beuterecht im Kriege als Barbarei.

144. Ausnahmsweise ist es den Kriegsleuten erlaubt, den von ihnen besiegten feindlichen Personen ihre Waffen und Pferde und andere zur kriegerischen Ausrüstung gehörigen Sachen wegzunehmen und sich selber als gute Kriegsbeute anzueignen, aber nicht erlaubt, Geld oder Kleinodien des Feindes zu erbeuten. Nur wenn der Feind getödtet ist und Geld oder Kleinode auf dem Schlachtfelde zurück lässt, so ist bei der völligen Ungewissheit, wer der Erbe sei und ob solche Habe für denselben zu retten sei, eher dem Sieger gestattet, diese Sachen sich anzueignen als sie vergraben oder verderben zu lassen.

145. Die genommenen Fahnen, Kanonen, Munitionswagen, Kriegscassen und überhaupt alles öffentliche Kriegzeug dürfen niemals von einzelnen Nehmern angeeignet werden, sondern sind an den Befehlshaber abzuliefern und werden als gute Kriegsbeute des States betrachtet. (Am. 45.)

146. Es gilt unter civilisirten Völker nicht mehr als gute Kriegssitte, um die Soldaten dadurch zur Erstürmung eines Platzes oder Lagers anzureizen, ihnen die freie Plünderung des genommenen Ortes zu erlauben.

147. In so weit die Zerstörung von Privateigenthum als blosse nothwendige Folge der Kriegsführung selbst erscheint, ist dieselbe kein Unrecht, sondern als Unglück für die Privatpersonen zu betrachten.

148. Muthwillige oder rachsüchtige Zerstörung oder Schädigung von Privateigenthum ist ein Rechtsbruch und als solcher strafbar.

149. Insbesondere sind die Brandstiftung, oder Ausrodung von Culturpflanzen oder Sprengung von Brücken, oder Zerstörung von Canälen oder Dämmen, wenn sie nicht durch die militärische Nothwendigkeit gerechtfertigt werden, eine völkerrechtswidrige Barbarei.

B. im Seekrieg.

150. Feindliche Kriegsschiffe können sowohl auf offener See als innerhalb der Eigengewässer der kriegführenden Staaten jeder Zeit genommen und ihre Mannschaft kriegsgefangen gemacht werden.

151. Obwohl auch ein Seekrieg wider den Stat und nicht gegen Privatpersonen geführt wird und nach dem natürlichen und humanen Völkerrecht das Privateigenthum im Seekrieg ebenso geachtet werden sollte wie im Landkrieg, so ist die gegenwärtige Statenpraxis auch der civilisirten Seemächte noch nicht in Uebereinstimmung mit diesen Grundsätzen und wird heute noch ein Recht der Seebeute an Schiffen, welche im Privateigenthum von Angehörigen des feindlichen States sind, und an den darin befindlichen Waaren solcher Personen zugestanden und geübt.

152. Dieses sogenannte Seebeuterecht erstreckt sich nicht auf feindliches Privatgut im Lande sondern ist beschränkt auf die feindlichen Schiffe und das feindliche Gut in den Schiffen.

153. Die Fischerboote der Angehörigen des feindlichen States dürfen nicht als Prise weggenommen werden; sondern es ist das Privateigenthum daran zu achten.

154. Die gute Kriegssitte erfordert es, dass die feindlichen Handels-Schiffe nicht mehr sofort nach dem Ausbruch des Kriegs durch unerwartete Wegnahme überrascht, sondern eine Frist ge-

währt werde, innerhalb welcher sie aus den feindlichen Häfen auslaufen und einen sichern Zufluchtsort aufsuchen können.

155. Nach dem in Europa anerkannten Völkerrecht dürfen keine Kaperschiffe mehr zur Seebeute ermächtigt werden. (Pariser Congress. Prot. v. 12. Juni 1856. La course est et demeure abolie.)

156. Auch in wiefern es noch durch die hergebrachte Uebung der Seemächte als gestattet erscheint, Seebeute zu machen, ist das doch nach europäischem Völkerrecht nur wirklichen Kriegsschiffen, die einen Bestandtheil der Kriegsflotte bilden, erlaubt.

157. Das genommene Schiff muss dem Prisengericht des Nehmestats überliefert und von diesem über die Rechtmässigkeit der Prise entschieden werden.

158. Alle Seebeute gehört dem State, nicht der Mannschaft des Nehmeschiffs zu. Der Stat hat freies Verfügungsrecht darüber und kann den Nehmern einen beliebigen Antheil daran einräumen oder auch ganz auf die Annahme verzichten und Schiff und Waare wieder den Privatpersonen zustellen, welche — abgesehen von dem Beuterecht — als die rechtmässigen Eigenthümer derselben anzusehen sind.

8. Verkehr und Verhandlungen unter den Kriegsparteien. Waffenruhe. Waffenstillstand. Capitulation.

159. Jeder Verkehr zwischen den von den feindlichen Kriegsheeren besetzten Gegenden ist in der Regel untersagt. Ausnahmen bedürfen der Genehmigung der Befehlshaber. Uebertretungen des Verbots werden je nach Umständen strenge bestraft. (Am. 86.)

160. Militärische Sicherheitspässe für Personen und Geleitscheine für Waaren werden von dem Oberbefehlshaber der Truppen ausgestellt und sichern das Recht der betreffenden Personen, die militärischen Linien ungehindert und ungefährdet zu passiren und der Frachtführer, die betreffenden Güter ebenso durchzuführen. Sie beruhen nicht auf persönlicher Ermächtigung sondern auf der Erlaubniss des Amts.

161. Der Sicherheitspass gilt lediglich für die Person, welche darin genannt ist, und ist nicht übertragbar. Der Geleitschein für den Güterverkehr ist übertragbar, insofern nicht gegen die Person des Frachtführers besondere Bedenken vorhanden sind.

162. Die Wirksamkeit des Sicherheitspasses und des Geleitscheins reicht soweit als die militärische Gewalt des Heeres reicht, also je nach Umständen in feindliches Gebiet hinein, aber nicht darüber hinaus, also nicht in Gegenden, welche von dem Feinde besetzt sind.

163. Ist der Pass nur auf eine bestimmte Zeitfrist ertheilt, so erlischt seine Wirksamkeit mit dem Ablauf der Zeitfrist. Wenn

jedoch der Träger des Passes ohne seine Schuld durch höhere Gewalt verhindert war, durch das besetzte Gebiet hindurch zu kommen, so bleibt er zwar nicht durch den Buchstaben aber durch den Geist der Erlaubniss so weit geschützt, als die Umstände es gestatten.

164. Auch während des Kriegs und auch dem Feinde gegenüber sind Versprechen und Verträge in gutem Glauben zu halten, und das von dem Feinde erhaltene Vertrauen nicht zu missbrauchen. Insbesondere gilt das von den Cartelverträgen, welche zwischen den Befehlshabern feindlicher Truppen über Pässe und Couriere, über den Post- und Telegraphenverkehr, über die Bezeichnung und Behandlung der Parlamentairs, über die Behandlung oder Auswechselung oder den Loskauf von Kriegsgefangenen verabredet werden.

165. Die Cartelschiffe geniessen auf dem Hin- und Rückweg den Schutz des Völkerrechts. Indessen ist ihre Mannschaft verpflichtet, inzwischen sich selber aller Handlungen der Feindseligkeit zu enthalten und auch keinen durch das Kriegsrecht untersagten Verkehr zu treiben.

166. Die Parlamentaire, d. h. die Personen, welche im Auftrag einer Kriegspartei bei den Truppen der andern erscheinen zum Behuf der Unterhandlung mit dem Befehlshaber derselben über Kriegsverträge, werden durch die Parlamentairflagge oder Fahne bezeichnet und geniessen den Schutz des Völkerrechts.

167. Der Befehlshaber der besendeten Truppen ist jedoch nicht verpflichtet, unter allen Umständen und jeder Zeit einen feindlichen Parlamentair zuzulassen und anzuhören und er ist berechtigt, Vorsicht zu gebrauchen und Massregeln zu treffen, damit der feindliche Parlamentair nicht seine Anwesenheit zum Nachtheil der Kriegsführung benutze.

168. Wenn es entdeckt und unzweifelhaft erwiesen wird, dass der Parlamentair seine privilegirte Stellung missbraucht hat, um militärische Spionerei zu betreiben oder gefährliche Verschwörungen und Verrath anzustiften, so verliert er den Anspruch auf völkerrechtlichen Schutz und kann kriegsrechtlich bestraft werden. Aber

es bedarf eines völlig sicheren jedermann erkennbaren Beweises der Schuld, damit nicht die Verurtheilung als Verletzung des Völkerrechts betrachtet werde. (Am. 114.)

169. Wird der Träger einer Parlamentairflagge unversehens während eines Gefechtes verwundet oder getödtet, so gibt das keinen Grund zur völkerrechtlichen Beschwerde. Das blosse Erscheinen der Parlamentairflagge hindert für sich allein nicht nothwendig das Einstellen des Feuers. (Am. 113. 116.)

170. Es ist gute Kriegssitte, die Spitäler und andere besonders geheiligte Orte mit Schutzfahnen von besondere Farbe zu bezeichnen, damit sie eher von dem feindlichen Feuer geschont werden. (Am. 115.)

171. Es gilt als eine schlechte und infame Handlung, wenn der Feind durch Ausstecken einer Schutzfahne ohne innern Grund getäuscht wird. Solches Verfahren berechtigt den Feind, der Schutzfahnen nicht weiter zu achten. (Am. 117.) Siehe auch §. 80.

172. Es kann auch von der feindlichen Kriegsgewalt ein besonderer Schutz bewilligt und je nach Umständen können auch Schutzwachen oder Schutzbriefe gewährt werden, damit die geschützten Personen und Sachen — z. B. wissenschaftliche und Kunstwerke — vorzugsweise vor der kriegerischen Beschädigung oder Gefährdung gewahrt bleiben. Auch solche Schutzgebote sind in guter Treue zu beachten. (Am. 118.)

173. Sind die beiderseitigen Befehlshaber über eine zeitweise kurze und örtliche Waffenruhe übereingekommen, zum Behuf der Beerdigung der auf dem Schlachtfelde gebliebenen Krieger oder zu ungestörter Feier des Gottesdienstes oder zu andern momentanen Zwecken, so haben sich die beiderseitigen Truppen in guter Treue inzwischen jeder Feindseligkeit zu enthalten.

174. Ein Waffenstillstand, der auf längere Zeit oder auf unbestimmte Zeit geschlossen wird, bedarf in der Regel der Genehmigung der obersten Statsgewalt. Ausnahmsweise kann dazu ein Befehlshaber ermächtigt sein.

175. Die bloss vorübergehende und örtliche Waffenruhe wirkt nur für die daselbst befindlichen Truppen verbindlich, der allgemeine Waffenstillstand dagegen wirkt allgemein verbindlich für die beiden Kriegsparteien und ihre Angehörigen, ähnlich wie der Friedensschluss. Indessen entschuldigt die in der Ferne handelnden Officiere der Mangel der erforderlichen Kunde von dem Abschluss des Waffenstillstandes.

176. Während der Waffenruhe und des Waffenstillstands ist jede Partei berechtigt innerhalb des von ihr besetzten Gebietes Alles das zu thun, was sie im Frieden thun dürfte, ausgenommen solche auf die Kriegsführung bezügliche Handlungen, welche der Feind, wenn der Kampf fortdauerte, zu verhindern veranlasst wäre. Sie darf daher ausserhalb des eigentlichen Kampffeldes neue Rüstungen vornehmen, und Plätze befestigen, aber sie darf nicht innerhalb desselben neue militärische Stellungen beziehen, oder einen Rückzug der Truppen ausführen, noch in dem Bereich der feindlichen Geschütze neue Werke anlegen oder die zerstörten Werke wiederherstellen, sei es zum Angriff, sei es zur Vertheidigung. Sie darf auch nicht einen Aufstand erregen in dem von den feindlichen Truppen besetzten Gebiet, noch die Einwohner zur Uebergabe einladen.

177. In der Zwischenzeit darf die Kriegspartei wohl Plätze in Besitz nehmen, welche von dem Feinde aufgegeben sind, aber nicht was nur zufällig von demselben nicht besetzt und verwahrt ist.

178. Geht die Frist zu Ende ohne Erneuerung des Waffenstillstandes oder ohne Friedensschluss, so bedarf es keiner Kündigung der Waffenruhe, sondern können die Feindseligkeiten wieder aufgenommen und fortgesetzt werden.

179. Wenn eine Partei die selbstverständlichen oder die ausdrücklichen Bedingungen der Waffenruhe und des Waffenstillstandes nicht achtet und denselben zuwider handelt, so ist auch die Gegenpartei nicht weiter an die Uebereinkunft gebunden und kann den Krieg fortsetzen auch ohne vorherige Kündigung, es wäre denn, dass der Vertrag anders bestimmte.

180. Die Verletzung der Waffenruhe durch eine Privatperson, welche ohne Auftrag handelt und deren Handlung auch nicht von der Kriegsgewalt gutgeheissen oder begünstigt wird, rechtfertigt nur die Forderung ihrer Bestrafung und die Entschädigung, aber nicht die sofortige Erneuerung der Feindseligkeiten.

181. Capitulation bedeutet die Ergebung eines Truppenkörpers oder die Uebergabe eines Platzes an die feindliche Kriegsmacht. Die Capitulation kann unter Bedingungen und mit besondern Vorbehalten geschehen, z. B. wenn nicht binnen einer Frist Entsatztruppen erscheinen, oder mit Vorbehalt freien Abzugs der Besatzung. Völkerrecht und Kriegsehre fordern, dass diese Verabredungen in guter Treue gehalten werden.

182. Die Uebergabe auf Gnade und Ungnade berechtigt den Sieger nicht mehr, die Uebergebenen zu tödten.

183. Der Befehlshaber der feindlichen Truppen, welche einen Platz bedrohen oder belagern, gilt als ermächtigt, die Capitulationsbedingungen zu bewilligen, soweit dabei die persönliche Freiheit und das Eigenthum der Truppen und der Bewohner des capitulirenden Platzes betheiligt erscheinen. Er darf aber nicht eigenmächtig Zugeständnisse machen, welche sich auf die politische Verfassung und Verwaltung des Ortes beziehen.

9. Beendigung des Kriegs. Friedensschluss.

184. Der Krieg kann thatsächlich aufhören und ohne Friedensvertrag dadurch in den Friedenszustand übergehen, dass die Feindseligkeiten nicht fortgesetzt werden und der friedliche Verkehr wieder beginnt.

Der thatsächliche Besitzstand zur Zeit wenn der Krieg aufhört, wird sodann als Grundlage des Friedenszustandes betrachtet.

185. Der Krieg kann durch Unterwerfung des besiegten Feindes unter den Sieger beendigt werden. Bleibt die besiegte Partei auch nachher noch als Stat fortbestehen, so werden die auferlegten Friedensbedingungen wie ein Friedensvertrag betrachtet. Hört dieselbe auf, ein Stat für sich zu sein, so kommen die Grundsätze der Erweiterung des Statsgebiets beziehungsweise der Vereinigung verschiedener Statsgebiete zur Anwendung. Die Eroberung begründet erst in Folge der Ergebung oder des Friedensvertrages einen neuen friedlichen Rechtszustand.

186. Der Sieger kann auch in Folge der Unterwerfung des Besiegten keine andere Rechte über Land und Leute erwerben, als welche in der öffentlichen Rechtsordnung und in dem Statsbegriff ihre Begründung und Schranke finden. Die Statsgewalt kann auf ihn übergehen, aber nicht mehr als die Statsgewalt.

187. Der Krieg wird regelmässig beendigt durch den Friedensschluss, d. h. durch einen Vertrag zwischen den kriegführenden Staten, welcher die Bedingungen und Bestimmungen des erneuerten Friedenszustandes festsetzt.

188. Die Uebermacht des Siegers hindert nicht die Gültigkeit des Friedensschlusses, wohl aber der äussere Zwang gegen die bevollmächtigten Vertreter der Kriegspartei, welche über den Frieden unterhandeln.

189. Das Verfassungsrecht der einzelnen Staten entscheidet über die Frage, wer und unter welchen Bedingungen er berechtigt sei, Frieden gültig abzuschliessen. Das Völkerrecht vermuthet, dass der jeweilige Träger der obersten Statsgewalt kraft seiner Repräsentativbefugniss dazu berechtigt sei. Wenn derselbe aber nach dem in anerkannter Wirksamkeit bestehenden Statsrecht seines Landes der Zustimmung der Volksvertretung oder eines andern politischen Körpers bedarf, um wirksamen Frieden zu schliessen, so ist diese Beschränkung auch völkerrechtlich zu beachten und die Rechtsgültigkeit und die Ausführbarkeit des Friedensschlusses so lange in Frage gestellt, als nicht die nothwendige Zustimmung hinzutritt, oder in Folge der Verfassungsänderung als entbehrlich hinwegfällt. Indessen erfordert der gute Glaube und die Rücksicht des Völkerrechts auf die mögliche Beschränkung des Kriegszustandes, dass auch inzwischen von Seite der Träger der Statsgewalt nichts gethan, angeordnet oder zugelassen werde, was geeignet ist, die hinterherige Gutheissung des von ihnen vorläufig verabredeten Friedensvertrags zu erschweren oder zu verhindern.

190. Wird in dem Friedensschluss ein Theil des Statsgebietes abgetreten, so gilt die Abtretung nach Völkerrecht als rechtsgültig, wenn gleich die Verfassung des abtretenden Landes die Abtretung untersagt, insofern der Stat seinen Widerstand nicht fortsetzt, sondern thatsächlich den Frieden vollzieht und die feindliche Besitznahme gewähren lässt.

191. Die Abtretung gibt der erwerbenden Statsgewalt alle die Rechte, welche der abtretende Souverän gehabt hat, aber nicht mehr Rechte. Das öffentliche Recht der Bevölkerung und des Landes wird durch die Abtretung nicht geändert noch aufgehoben, sondern besteht fort, so weit das in dem neuen Friedenszustand möglich ist. (46. 47.)

192. Der Friedensschluss beendigt mit dem Kriege auch den bisherigen Rechtsstreit unter den kriegführenden Staten. Es dürfen nach demselben keine weitern Feindseligkeiten geübt werden. Die Wirksamkeit des Kriegsrechts hört auf und das Friedensrecht tritt wieder ein.

193. Wenn nach Abschluss des Friedens durch einzelne Heeresabtheilungen, wenn auch in guten Glauben, weil sie noch nicht von dem Friedensschluss Kenntniss hatten, Feindseligkeiten verübt worden sind, so ist der Zustand wie er vor diesen feindlichen Handlungen gewesen ist, soweit möglich wieder herzustellen, beziehungsweise Entschädigung zu leisten.

194. Mit dem Friedensschluss ist die Regel der Amnestie verbunden, so weit nicht besondere Vorbehalte eine Ausnahme begründen, d. h. es wird in der Regel keine weitere Klage gestattet wegen Schädigungen und Unbilden, welche von den Angehörigen einer Partei während des Kriegs wider die Angehörigen der anderen Partei verübt worden sind.

195. Die Amnestie begreift in der Regel auch die Missethaten — Verwundungen, Tödtungen, Misshandlungen, Plünderungen — die von Kriegsleuten verübt worden, aber während des Krieges nicht kriegsrechtlich bestraft worden sind.

196. So weit jedoch der Stat wegen im Krieg und selbst von ordentlichen Kriegsleuten verübter Verletzungen, die weder durch das Kriegsrecht noch durch den civilisirten Kriegsgebrauch gerechtfertigt oder entschuldigt werden, sondern als gemeine Verbrechen strafbar sind, die Rechtsverfolgung gegen seine Angehörigen gestattet, findet jene Amnestie keine Anwendung.

197. Die Amnestie bezieht sich nicht auf Rechtsverletzungen, die vor dem Kriege verübt worden sind und mit der Kriegsursache in keiner Beziehung stehen, ebensowenig auf Rechtsverletzungen, welche während des Kriegs auf neutralem Gebiete von Angehörigen der kriegführenden Staten wider einander verübt worden sind.

198. Aller frühere Streit wird durch den Frieden geschlichtet und alle frühern Verletzungen und Beleidigungen werden der Vergessenheit überliefert. Ein neuer Krieg darf nur durch neue Kriegsursachen begründet werden.

199. Der öffentliche Besitzstand zur Zeit des Friedensschlusses wird, so weit nicht darin abweichende Bestimmungen getroffen sind, als Grundlage der erneuerten Friedensordnung betrachtet. Jeder Theil behält das Gebiet nunmehr zu Recht, das er besitzt.

200. Die Kriegsgefangenschaft erlischt von Rechtswegen mit dem Friedensschluss, indem dieselbe nur aus Kriegsrecht und nur als Kriegsmittel geübt wird. Vorbehalten bleiben die Massregeln sowohl einer geordneten Uebergabe und Entlassung der vormaligen Gefangenen als der Sorge für Bezahlung der Schulden, welche dieselben contrahirt haben.

201. Von dem Zeitpunkte des Friedensschlusses an dürfen in fremdem Gebiete keine Kriegssteuern und Requisitionen mehr auferlegt noch die rückständigen eingefordert werden.

202. Diejenigen Vertragsverhältnisse unter den Staten, deren Wirksamkeit während des Krieges suspendirt war, treten wiederum von Rechtswegen in Wirksamkeit, insofern sie nicht entweder durch den Friedensschluss abgeändert werden oder Dinge betreffen, welche durch den Krieg aufgelöst oder umgewandelt worden sind.

203. Wird in dem Friedensvertrage die Rückgabe des im Kriege eingenommenen Gebietes versprochen, so wird als Meinung der Vertragsparteien angenommen, dass das Rechtsverhältniss der Gebietshoheit wieder anerkannt sei, wie es vor der feindlichen Besitznahme gewesen war und dass das Land in dem thatsächlichen Zustand zurückgegeben werde wie er zur Zeit des Friedensschlusses beschaffen ist.

204. Für allfällige Beschädigung während des Kriegs und während der feindlichen Besitznahme ist keine Entschädigung zu leisten, aber es darf nun auch keine weitere Beschädigung vorgenommen werden. Für die inzwischen erhobenen Einkünfte und

Leistungen ist kein Ersatz zu leisten, aber es dürfen nun auch die öffentlichen Cassen nicht weiter von dem Zwischenbesitzer ausgebeutet werden, sondern sind zur Verfügung der berechtigten Statsgewalt zu stellen.

205. Auch für Verwendungen, welche der Besitzer inzwischen gemacht hat, ist kein Ersatz zu leisten, wenn er nicht in dem Friedensschlusse vorbehalten wird. Wohl aber kann derselbe wegnehmen, was er auf seine Kosten hinzugefügt hat, z. B. neue befestigte Werke, und den Zustand wieder herstellen, wie er vor seiner Verwendung gewesen ist.

206. Wird einfach Rückgabe eines Gebietes verabredet, so sind auch die dazu gehörigen Documente, Archive u. s. f. zurück zu geben, auch wenn dieselben inzwischen von dem Sieger weggeführt worden sind.

207. Die Rückgabe anderer feindlicher Kriegsbeute, selbst der wissenschaftlichen und künstlerischen Sammlungen und der Denkmäler, die vor dem Friedensschluss weggebracht worden sind, versteht sich nicht von selber, sondern ist vertragsmässig zu bestimmen.

208. Der Vollzug der Friedensbestimmungen soll sofort, d. h. sobald es nach den Umständen möglich ist, und in guten Treuen geschehen.

209. Wird der Friedensschluss, bevor er vollzogen ist, wieder gebrochen, sei es durch thatsächliche Erneuerung der Feindseligkeiten, sei es indem der Vollzug verweigert oder verhindert wird, oder dem Vertrag offenbar entgegen gehandelt wird, so ist die andere Partei berechtigt, sofort den Krieg fortzusetzen und zu handeln, wie wenn kein Friedensvertrag abgeschlossen worden wäre. Die unmögliche Erfüllung gilt nicht als Bruch des Friedensschlusses.

10. Postliminium.

210. Ohne Friedensschluss können ein Land und eine Bevölkerung, einzelne Personen und Güter, welche während des Kriegs in feindliche Gewalt gerathen waren, wieder von derselben befreit werden und es kann in Folge dessen das frühere Rechts- und Besitzesverhältniss wieder in ungehemmte Wirksamkeit treten, wie wenn eine Störung nicht vorgekommen wäre. Diese Wiederbelebung des durch die Kriegsgewalt gestörten Zustandes heisst Postliminium.

211. Wird ein von dem Feinde besetzter Gebietstheil von demselben freiwillig wieder geräumt oder wird derselbe durch die befreundete Kriegsgewalt wieder daraus verdrängt, so hört das feindliche Kriegsrecht sofort auf und es wird das frühere Rechtsverhältniss erneuert. Die vormalige Statsgewalt tritt wieder in ihre Rechte und Pflichten ein.

212. Geschieht die Verdrängung des Feindes durch eine dritte Kriegsmacht, welche weder die rechtmässige Statsgewalt des befreiten Landes noch ein Bundesgenosse desselben, wohl aber im Kriege mit dem Landesfeinde ist, so versteht sich die Wiederbelebung der frühern Regierung und Verfassung des Landes nicht von selber. Vielmehr ist die befreiende Macht, welche inzwischen die Kriegsgewalt handhabt, berechtigt, bei der neuen Regulirung der öffentlichen Zustände mitzuwirken. Der Befreier darf aber nicht ohne Rücksicht auf den Willen der Bevölkerung dauernd und willkürlich über das fremde Gebiet einseitig verfügen.

213. Hat ein Volk, ohne Zuthun der vom Feinde vertriebenen Regierung und ihrer Bundesgenossen sich durch eigene Kraft selber

von der feindlichen Herrschaft befreit, so kann die frühere Regierung nur mit seiner Zustimmung nicht gegen seinen Willen in den Besitz eintreten.

214. Hat der Feind in der Zwischenheit nicht bloss Kriegsrecht geübt, sondern sich eine wirkliche Landesherrschaft angemasst, und inzwischen behauptet, aber ohne dass dieselbe durch einen Friedensschluss bestätigt und zu anerkanntem Rechtszustand geworden ist, so wird zwar nach der Verdrängung des feindlichen Usurpators der vorherige Rechtszustand erneuert, aber es können nicht alle einzelnen Regierungsacte des Zwischenherrschers als ungeschehen betrachtet werden.

Vielmehr bleiben dieselben, so weit sie blosse Verwaltungs- und Gerichtsacte sind oder eine privatrechtliche Bedeutung haben, in der Regel in Kraft. So weit sie dagegen den Verfassungszustand des Landes ändern oder einen wesentlich politischen Charakter haben, können sie von der erneuerten Statsgewalt für unwirksam erklärt werden.

215. Die restaurirte Regierung ist verpflichtet die Veräusserung von Statsdomänen und Statscapitalien oder Renten, welche die feindliche Zwischenregierung vorgenommen hat, oder Statsschulden, welche dieselbe für das eroberte Land contrahirt hat, als rechtsverbindlich anzuerkennen, insofern diese Rechtsgeschäfte in gehöriger Form und in redlicher Absicht von der thatsächlichen Regierung abgeschlossen worden sind.

216. Der restaurirte Fürst ist nicht verpflichtet, Veräusserungen oder andere Verfügungen anzuerkennen, welche der feindliche Zwischenherrscher bezüglich der Privatgüter des erstern vorgenommen hat. Wenn aber diese Rechtsgeschäfte in Folge des Friedens consolidirt worden sind, so kann der restaurirte Fürst dieselben nachher nicht wieder anfechten.

217. Die restaurirte Regierung ist nicht berechtigt, für die Zwischenzeit Verfügungen zu treffen mit rückwirkender Kraft sondern

genöthigt, die Folgen einer thatsächlichen Zwischenregierung, welche sie nicht zu verhindern vermochte, auch ihrerseits zu tragen.

218. Das Postliminium tritt in öffentlichen Rechtsverhältnissen nur während des Kriegs in Wirksamkeit, und wird durch den Friedensschluss ausgeschlossen.

219. Kriegsgefangene können thatsächlich ihre Freiheit wieder gewinnen, wenn sie von der Kriegsgewalt befreit werden oder sich selber befreien. (99) Diese Anwendung des Postliminium findet auch nach dem Friedensschluss Statt, wenn die Gefangenschaft thatsächlich über derselben hinaus fortdauerte. Gefangene, welche ihre Freiheit durch Bruch ihres Ehrenworts wieder gewonnen haben, können aber dem Feinde wieder ausgeliefert werden.

220. Das Postliminium der Privatpersonen hat die Bedeutung, dass ihre persönlichen Rechte, an deren Ausübung sie durch die Kriegsgefangenschaft gehindert waren, nun wieder von ihnen ausgeübt werden können. Die Vormundschaft, die inzwischen für sie bestellt worden ist, hört auf und sie treten in den persönlichen durch keine Feindesgewalt gehinderten Genuss ihres Vermögens wieder ein. Ihr Recht war aber auch während der Gefangenschaft nicht aufgehoben. Nach modernem Recht dauert die Ehe des Kriegsgefangenen fort und kann er auch über sein Vermögen gültig unter Lebenden oder durch letzten Willen verfügen.

221. Das Postliminium wirkt ferner zu Gunsten des wieder wirksam gewordenen Grundeigenthums, wenn dasselbe während des Kriegs dem Eigenthümer durch die feindliche Kriegsgewalt entzogen und wieder unter die Autorität des befreundeten States zurück gelangt ist.

222. Auch die beweglichen Sachen, welche von dem Feinde weggenommen worden sind, können bis zum Friedensschluss von dem verletzten Eigenthümer zurück genommen werden, wenn die feindliche Gewalt wieder verdrängt ist. Vorbehalten bleiben die privat-

rechtlichen Beschränkungen, welche der dinglichen Verfolgung beweglicher Sachen im Wege stehen und die Bestimmungen zu Gunsten des redlichen Verkehrs, welche den Erwerber schützen.

223. Die Wiedernahme der als Prise von dem Feinde weggenommenen Schiffe ist vor der Verurtheilung des Prisengerichts jederzeit gestattet.

B. Recht der Neutralität.

1. Begriff und Arten der Neutralität.

224. Neutralität bedeutet Verneinung des Kriegszustandes und Behauptung der Friedensordnung.

225. Neutral heissen die Staten, welche weder Kriegspartei sind noch zu Gunsten oder zum Nachtheil einer Kriegspartei an der Kriegsführung Theil nehmen.

226. Es gibt eine nothwendige durch völkerrechtliche Acte und Verträge garantirte fortdauernde sogenannte ewige Neutralität einzelner Staten und eine freiwillige auf friedlichem Entschluss beruhende Neutralität der Staten.

Auch in dem erstern Falle setzt das Recht der Neutralität die thatsächliche Neutralität als ihre Grundlage voraus.

227. Es gibt eine vollständige und eine theilweise oder beschränkte Neutralität, indem ein Stat einer Kriegspartei vertragsmässig zu einer beschränkten Hülfe verpflichtet sein und diese Pflicht erfüllen kann, ohne im Uebrigen sich an dem Kriege zu betheiligen.

228. Es kann sogar zum Behuf der Beschränkung des Kriegsfeldes ein Theil des Statsgebietes der Kriegspartei selbst für neutral erklärt, d. h. neutralisirt und dadurch von der Gefahr des Kriegs befreit werden.

229. Die Eingränzung des Kriegsfeldes, sogenannte Localisirung des Kriegs schliesst eine beschränkte Neutralisirung der übrigen Statsgebiete in sich.

230. Die Neutralität heisst eine bewaffnete, wenn der neutrale Stat in der Absicht zu den Waffen greift, die Neutralität und damit den Friedenszustand gegen jede Kriegsgefahr zu schützen.

2. Bedingungen der Neutralität und Pflichten der Neutralen.

231. Es hängt in der Regel von dem freien Willen eines jeden States ab, ob er in dem Kriege anderer Staten neutral bleiben oder sich an dem Krieg betheiligen wolle.

232. Die Bundesgenossenschaft mit einer Kriegspartei verpflichtet nicht immer zur Theilnahme am Krieg. Die Bundesgenossenschaft kann begränzt und die Behauptung der Neutralität mit derselben vereinbar sein.

233. Sogar wenn ein Bundesgenosse zur Unterstützung einer Kriegspartei verpflichtet ist, aber sich jeder Theilnahme an dem Kriege enthält, und diesen Willen der Gegenpartei ankündigt, so hat er einen Rechtsanspruch darauf, von derselben als neutraler Stat geachtet zu werden.

234. Auch wenn ein Stat durch Verträge oder allgemeine völkerrechtliche Anordnungen zu ewiger Neutralität wie berechtigt so verpflichtet ist, kann er dennoch aufhören neutral zu sein, wenn er thatsächlich als Kriegspartei oder für oder gegen eine Kriegspartei sich am Kriege betheiligt.

235. Neutralität bedeutet nicht Gleichgültigkeit und Unparteilichkeit gegenüber den Kriegsparteien und dem Fortgang des Krieges. Ein Stat kann ein lebhaftes Mitgefühl mit der einen Kriegspartei haben und seinem Unwillen wider die andere Kriegspartei einen offenen Ausdruck geben und trotzdem neutral bleiben.

236. Wenn ein Stat bloss durch die Person des Herrschers mit einem andern State verbunden ist, so ist es möglich, dass der eine Stat zur Kriegspartei wird und der andere Stat neutral bleibt.

237. Es kann auch der Fürst eines States persönlich als Officier im Dienste eines andern kriegführenden States an dem Kriege Theil nehmen und trotzdem die Neutralität des States gewahrt bleiben, dessen Fürst er ist.

238. Da die thatsächliche Nichtbetheiligung am Kriege die natürliche Voraussetzung der Neutralität ist, so ist der neutrale Stat, wenn er seine Neutralität wahren und die daraus fliessenden Rechte behaupten will, verpflichtet, sich jeder thatsächlichen Unterstützung einer Kriegspartei zu Kriegszwecken zu enthalten.

239. Insbesondere darf der neutrale Stat nicht einer Kriegspartei Truppen liefern noch Subsidien bezahlen, noch Kriegsschiffe zur Verfügung stellen.

240. Wenn einzelne Angehörige des neutralen States ohne Statsauftrag und ohne Statsermächtigung von sich aus als Reisläufer und Parteigänger einer Kriegspartei zulaufen und an der Kriegsführung Theil nehmen, so ist das nicht eine Verletzung der Neutralität, welche dem State zur Last fällt, aber diese Personen haben nun auch nicht die Rechte von friedlichen Personen anzusprechen, sondern sind als Feinde zu betrachten.

241. Wenn ein Stat durch frühere Verträge, welche nicht in der Voraussicht des eingetretenen Krieges zum Behuf der Unterstützung einer Kriegspartei abgeschlossen worden sind, verpflichtet war, dem State, der nun Kriegspartei geworden ist, Truppen zu stellen, so wird die Anwesenheit dieser Truppen in Feindesland und selbst die Theilnahme derselben am Krieg nicht als Verletzung der Neutralität jenes States betrachtet, wenn im Uebrigen die friedliche Gesinnung des letztern unzweifelhaft ist und er sich strenge innerhalb der Schranken seiner vertragsmässigen Verpflichtung hält.

Die gelieferten Truppen sind feindliche Personen, aber der

Stat, der sie nicht für diesen Krieg geliefert hat, ist nicht zum Feind geworden durch Ausbruch des Krieges.

242. Kein Stat und daher auch kein kriegführender Stat ist berechtigt in einem fremden, insbesondere einem neutralen Stat wider den Willen der Statsgewalt Truppen zu werben, da die Kriegshoheit ausschliesslich der einheimischen nicht der fremden Statsgewalt zusteht und die fremde Werbung ein Eingriff in diese Hoheit ist.

243. Gestattet der neutrale Stat im allgemeinen fremde Truppenwerbung beiden Kriegsparteien, so liegt darin noch keine Verletzung der Neutralität, wenn er nicht etwa die eine Truppenwerbung vor der andern begünstigt.

Es entspricht aber der neutralen Stellung besser und sichert dieselbe unzweideutiger, wenn der neutrale Stat alle Truppenwerbung auf seinem Gebiete überhaupt untersagt und nicht duldet, denn Neutralität bedeutet nicht gleichmässige Begünstigung der beiden Kriegsparteien, sondern Enthaltung von der Kriegstheilnahme.

244. Erlaubt der neutrale Stat ausschliesslich oder vorzugsweise einer Kriegspartei die Truppenwerbung, so erscheint diese Handlung als Betheiligung am Krieg und als Bruch der Neutralitätspflicht.

245. Der neutrale Stat darf nicht bloss selber keine Kriegsschiffe einer Kriegspartei liefern, er ist auch verpflichtet, in guter Treue darüber zu wachen und es zu verhindern, dass nicht auf seinem Gebiete durch Privatpersonen Kriegsschiffe für eine Kriegspartei ausgerüstet und derselben überliefert werden.

246. Ebenso ist es eine Verletzung der Neutralitätspflichten, wenn der neutrale Stat eine Kriegspartei mit Waffen oder anderem Kriegsmaterial ausrüstet oder ausrüsten hilft. Wenn aber einzelne Privatpersonen ohne Auftrag und Vollmacht des States Waffen oder Kriegsmaterial an einen kriegführenden Stat veräussern, so laufen dieselben zwar Gefahr, dass diese Gegenstände als Kriegscontrebande weggenommen werden, aber die Neutralität des States wird durch

diesen Verkehr nicht verletzt, wenn er nicht durch sein Verhalten diese private Unterstützung der Kriegspartei begünstigt. Die Neutralität verpflichtet den Stat, Sendungen der Art im Grossen und Waffentransporte so weit die Umstände es erlauben, zu verhindern. (289.)

247. Die Gestattung des freien Ankaufs von Lebensmitteln, wenn auch für die Verproviantirung der kriegführenden Armee, ist nicht als eine Begünstigung derselben zu betrachten, wenn sie allgemein und gleichmässig für beide Parteien gilt.

248. Der neutrale Stat darf auch nicht einer Kriegspartei ein Gelddarlehen machen, um ihr für den Krieg die erforderlichen Mittel zu verschaffen und es widerstreitet der Neutralitätspflicht, wenn er gestattet, dass im Lande eine Anleihe für eine Kriegspartei ausgeschrieben oder sonst Gelder zur Unterstützung derselben öffentlich gesammelt werden. Die Geldbeischüsse aber, welche Privatpersonen von sich aus einer Kriegspartei leisten, gefährdet die Neutralität des States nicht.

249. Der neutrale Stat darf nicht gestatten, dass sein Gebiet von einer Kriegspartei zu Kriegszwecken benutzt werde.

250. Es darf demnach keiner Kriegspartei der Durchmarsch durch das neutrale Gebiet gestattet werden. Auch wenn der regelmässige Weg, auf welchem die Staten, welche nun zum Kriege kommen, mit einander verbunden sind, über das neutrale Gebiet hinführt, erfordert es dennoch die Pflicht der Neutralität, dass der Durchmarsch zu Kriegszwecken verweigert werde.

251. Wenn jedoch eine Verfassungspflicht oder eine Statsservitut oder eine Vertragspflicht der neutralen Staten besteht, den Durchzug von Truppen dem andern State zu gestatten, der nun Kriegspartei ist, so ist die gemessene Erfüllung dieser Pflicht nicht als eine Unterstützung dieser Kriegspartei zu betrachten und es liegt darin keine Verletzung der Neutralitätspflicht.

252. Die Durchfahrt der Kriegsschiffe durch das neutrale Küstengewässer gilt nicht als Verletzung der Neutralität, da der flüssige

Küstensaum nur in beschränktem Sinne der Statshoheit unterworfen ist. Daher ist es auch nicht eine Pflicht der neutralen Staten, diese Durchfahrt zu verhindern.

253. In die Eigengewässer (Seehäfen) aber darf der neutrale Stat die Kriegsschiffe der feindlichen Parteien nicht einlaufen noch über seine Ströme und Canäle hindurch fahren lassen, ausser zu offenbar friedlichen Zwecken (Aufnahme von Lebensmitteln, Wasser, Kohlen) oder im Nothstand zur Ausbesserung, aber nicht zum Behuf neuer Kriegsrüstung.

254. Verfolgte Truppentheile, die sich auf neutrales Gebiet flüchten, darf der neutrale Stat jederzeit aufnehmen, ihnen Nahrung verschaffen und jede menschliche Hülfe gewähren, ohne dadurch seine Neutralität zu gefährden.

255. Ebenso darf er Noth leidenden Kriegsschiffen in seinen Häfen Aufnahme und Schutz gewähren.

256. Aber der neutrale Stat hat dafür zu sorgen, dass diese Handlung der Menschlichkeit nicht von den feindlichen Truppen missbraucht werde, um den Krieg von dem neutralen Gebiet aus zu erneuern oder fortzusetzen. Die flüchtigen Truppen und Kriegsschiffe sind daher in der Regel zu entwaffnen und erstere je nach Umständen von der Grenze zu entfernen, zu interniren.

257. Der neutrale Stat darf sein Gebiet nicht hergeben zum Stützpunkt für kriegerische Unternehmen eines der Feinde, nicht für Waffenplätze, Schiffsstationen, Magazine für Kriegsvorräthe u. dgl., auch nicht zur Ausübung der Prisengerichtsbarkeit, er darf nicht dulden, dass auf seinem Gebiete der Kampf fortgesetzt, noch dass da Beute gemacht werde. Die Verfolgung geschlagener Truppen hört auf, wo das neutrale Gebiet beginnt.

258. Der neutrale Stat ist verpflichtet, zur Wahrung seiner Neutralität gegen Verletzungen durch Andere die erforderlichen Massregeln zu ergreifen und nöthigenfalls seine Statsmacht dafür einzusetzen.

259. Man darf dem neutralen Stat nicht jede Verletzung der Neutralität durch Dritte zur Schuld anrechnen, wohl aber eine offenbare Vernachlässigung seiner Pflicht oder eine böswillige Begünstigung des Neutralitätsbruchs.

260. Fällt der Neutralitätsbruch lediglich dritten Personen, nicht dem neutralen State selbst zur Last, so ist der dadurch verletzte und geschädigte kriegführende Stat berechtigt, von dem neutralen State Abstellung des Unrechts, so weit es in dessen Macht steht, und je nach Umständen Bestrafung der Schuldigen, nicht aber deren Auslieferung zu fordern.

261. Hat der neutrale Stat den Bruch der Neutralität selbst verschuldet, so ist die dadurch verletzte Kriegspartei berechtigt, von demselben Genugthuung und Entschädigung zu fordern und in schweren Fällen die Neutralität als erloschen zu erklären und auch seiner Seits nicht weiter zu beachten.

262. Auch wenn der neutrale Stat zwar Willens ist, seine Neutralität zu bewahren und sich selber aller neutralitätswidriger Handlungen enthält, aber offenbar die Macht nicht hat, den fortgesetzten Angriffen einer Kriegspartei gegenüber seine Neutralität dauernd zu behaupten, oder wieder herzustellen, so ist auch die andere Kriegspartei nicht mehr verpflichtet, die Neutralität seines Gebiets in ihrer Kriegführung zu beachten, sondern berechtigt, ohne Rücksicht darauf diejenigen Massregeln zu ergreifen, welche zur Kriegführung nöthig sind.

3. Rechte der Neutralen.

263. Für den neutralen Stat dauert das Friedensrecht fort, auch im Verhältniss zu den kriegführenden Staten.

264. Die feindlichen Staten sind verpflichtet, die Gebietshoheit der neutralen Staten auch während ihres Krieges vollständig zu achten und sich jeden Eingriffs in dieselbe zu enthalten, auch wenn das Bedürfniss der Kriegsführung denselben verlangen sollte.

265. Wenn feindliche Truppen auf der Flucht das neutrale Gebiet erreichen, so ist der neutrale Stat berechtigt, sie vor der Verfolgung zu schützen (254) und die Verfolger zurück zu weisen. Er darf sogar innerhalb seines Gebietes die Kriegsgefangenen des Feindes und die gemachte Beute wieder frei geben.

266. Wenn innerhalb der neutralen Eigengewässer von einem feindlichen Schiff ein feindliches Schiff weggenommen worden ist, so ist der neutrale Stat berechtigt, die Herausgabe der Prise zu fordern, und dieselbe frei zu geben.

267. Der neutrale Stat ist berechtigt, feindliche Truppen, welche in sein neutrales Gebiet gewaltsam einbrechen und seine Neutralität verletzen, zu entwaffnen, gefangen zu nehmen und je nach Umständen die Führer derselben zur Verantwortung und Strafe zu ziehen.

268. Ist die Verletzung des neutralen States lediglich aus Unkenntniss der Grenze nicht aus böswilliger Absicht geschehen, so ist derselbe nur veranlasst, die Beseitigung des Unrechts, Entschädigung und die erforderlichen Massregeln von dem verletzenden State

dafür zu verlangen, dass in Zukunft sich nicht eine ähnliche Missachtung der Neutralität wiederhole.

269. Ist die kriegerische Verletzung des neutralen Gebiets mit Absicht begangen worden und so schwer, dass dieselbe als ernster Friedensbruch zu betrachten ist, so ist der bisher neutrale Stat berechtigt, aus der Neutralität herauszutreten und sei es selbständig, sei es in Verbindung mit der Gegenpartei des verletzenden States an dem Kriege Theil zu nehmen.

270. Hat ein Hülfscorps des unvollständig neutralen States an dem Kriege sich betheiligen müssen, und wird dasselbe auch von dem Feinde in das neutrale Gebiet hinein verfolgt, so begeht auch der Feind keine Verletzung der Neutralität, wenn er die Verfolgung nicht an der Grenze stille stellt, sondern über die Grenze fortsetzt.

271. Der neutrale Stat ist berechtigt, Pässe und andere Urkunden auszustellen, welche auf öffentlichen Glauben, auch bei den beiden Kriegsparteien Anspruch haben.

272. Der neutrale Stat hat ein Recht, seinen Statsschutz auch auf seine Angehörigen und ihre Güter ausserhalb seines Statsgesetzes so weit zu erstrecken, als das friedliche Völkerrecht diesen Schutz rechtfertigt.

273. Die kriegführenden Mächte dürfen auch innerhalb des Kriegsfelds die neutralen Personen und die neutralen Güter nicht feindlich behandeln, sondern nur denjenigen gemeinsamen Anordnungen unterwerfen, welche durch die Noth der Kriegsführung geboten sind. Insbesondere sind die persönliche Freiheit und das Eigenthum der Angehörigen des neutralen States auch innerhalb des feindlichen Gebiets möglichst zu achten und zu schützen.

274. Die Wegnahme neutraler Schiffe oder die Pressung neutraler Personen zum Kriegsdienst zur See oder zu Land durch einen kriegführenden Stat ist eine Verletzung der Friedensrechte, auf welche die neutralen Staten einen natürlichen Anspruch haben.

275. Die neutrale Flagge schützt nicht blos das neutrale Schiff, sondern ebenso die feindliche Ladung desselben, mit Ausnahme der Kriegscontrebande. *) Frei Schiff, frei Gut.

276. Die neutralen Güter sind auch auf feindlichen Schiffen vor der Wegnahme geschützt, ausser sie bestehen in Kriegscontrebande. **) Unfrei Schiff, frei Gut.

277. Die neutralen Staten sind berechtigt, ihren friedlichen Verkehr nicht bloss mit andern neutralen Staten, sondern selbst mit den im Krieg begriffenen Staten fortzusetzen.

278. Die neutralen Staten können auch den Kriegsparteien zur Vermittlung von Unterhandlungen während des Kriegs dienen oder die diplomatische Vertretung für die Angehörigen des feindlichen States in dem Lande der andern Kriegspartei übernehmen.

---

*) Pariser Congress v. 12. Juni 1856: Le pavillon neutre couvre la marchandise ennemie à l'exception de la contrebande de guerre.
**) Pariser Congress v. 12. Juni 1856: La marchandise neutre, à l'exception de la contrebande de guerre n'est pas saisissable sous pavillon de guerre.

4. Neutraler Handelsverkehr. Kriegscontrebande. Durchsuchungsrecht.

279. Die Angehörigen der neutralen Staten sind in der Regel berechtigt, auch mit den Angehörigen der Kriegsstaten während des Krieges wie im Frieden Handel zu treiben. Der Kriegszustand unterbricht den Handelsverkehr nur in soweit als das Bedürfniss der Kriegsführung eine militärische Hemmung erfordert.

280. Die Anwendung dieser Regel des friedlichen Handelsverkehrs der Neutralen wird nicht durch die Rücksicht ausgeschlossen, dass ein Kriegsstat einen bestimmten Handelsverkehr erlaubt, den er vor dem Kriege nicht gestattet hat und vielleicht nach dem Kriege wieder beschränken wird. Nur die Kriegscontrebande, nicht der feindliche Handel mit Friedensgütern wird den neutralen Kaufleuten verwehrt.

281. Auch wenn der Küstenhandel in Friedenszeiten ausschliesslich den nationalen Schiffen vorbehalten war, und erst während des Kriegs von einem Kriegsstat den Neutralen eröffnet wird, so machen sich die neutralen Handelsschiffe, welche diese Erlaubniss benutzen, keiner Verletzung des Kriegsrechts schuldig und sind von dem andern Kriegsstate nicht zu behindern.

282. Die Freiheit des Handels der Neutralen wird beschränkt durch die Pflicht der Neutralen sich jeder Kriegshülfe zu enthalten. Keine Kriegspartei ist verpflichtet die Lieferung und die Zufuhr von Kriegscontrebande zu dulden, auch nicht wenn sie von Neutralen

und auf neutralen Schiffen besorgt wird. Die Zufuhr von Kriegscontrebande ist kein Friedensgeschäft.

283. Als Kriegscontrebande sind zu betrachten diejenigen Sachen, welche einer Kriegspartei zum Behuf und zur Unterstützung der Kriegsführung als Kriegsmittel und Kriegsausrüstung zugeführt werden.

284. Allgemein und abgesehen von besonderen Verträgen, welche andere für die Vertragsparteien bindende Vorschriften treffen, gehören hieher;

a) die Kriegswaffen, Kanonen, Flinten, Säbel, Kugeln, Pulver, und ähnliche Kriegswerkzeuge;

b) aber auch Salpeter und Schwefel, die zur Pulverfabrication dienen:

c) Kriegsfahrzeuge;

d) feindliche Kriegsdepeschen, die im Interesse einer Kriegspartei transportirt werden.

285. Was das neutrale Schiff zu eigenem Bedarf an Waffen und Munition mit sich führt, ist nicht Contrebande.

286. Die Zufuhr von Gegenständen, welche auch dem friedlichen Gebrauche zudienen, wie insbesondere von Kleidungsstücken, Geldsummen, Pferden, Eisenplatten, Dampfmaschinen, Brennkohlen, Privatschiffen u. s. f. ist in der Regel als erlaubt zu betrachten, und darf nur ausnahmsweise als Kriegscontrebande behandelt werden, wenn entweder die besonderen Verträge sie als solche bezeichnen oder wenn im einzelnen Fall erweisbar ist, dass die Zufuhr einen unmittelbaren Bezug auf die Kriegsführung hatte und zugleich die Unterstützung derselben beabsichtigt war, wie z. B. zur Uniformirung der feindlichen Truppen, zur Lieferung von Kriegssubsidien, zur Ausrüstung der feindlichen Cavallerie mit Pferden und zur Erbauung von Panzerschiffen und Kriegsfahrzeugen, zum Transport feindlicher Truppen. Die Vermuthung ist jederzeit für den friedlichen Gebrauch und gegen die Annahme von Kriegscontrebande.

287. Es genügt keineswegs, dass derartige Gegenstände nach den Umständen für die Kriegsführung nützlich verwendet werden können und vermuthlich verwendet würden, um dieselben als Kriegscontrebande zu behandeln. Es darf höchstens in diesem Fall die Zufuhr thatsächlich gehemmt werden, wenn aus den Umständen die Verwendung zur Kriegsführung als eine nahe und ernste Gefahr erscheint. Aber ein weiteres Recht der Beschlagnahme steht in diesem Fall der Kriegspartei nicht zu.

288. Es ist wider die gute Sitte, die Zufuhr von Lebensmitteln als Kriegscontrebande zu behandeln, wenn gleich dieselbe zur Ernährung des feindlichen Heeres dient; aber die Kriegsgewalt ist berechtigt, einen belagerten Platz abzusperren und durch thatsächliche Hemmung der Zufuhr auch von Lebensmitteln die Uebergabe zu erzwingen.

289. Der Handel mit Kriegsgegenständen oder die fabrikmässige Bearbeitung derselben ist den neutralen Personen auf neutralem Gebiete nicht durch das Völkerrecht verboten, auch nicht wenn dieselben von einer Kriegspartei gekauft oder bestellt werden. Nur die Zufuhr zur Kriegshülfe ist den Neutralen völkerrechtlich untersagt. Aber es ist Aufgabe des neutralen States, zu verhindern, dass nicht sein neutrales Gebiet zu kriegerischen Zwecken missbraucht werde. (246.)

290. Die feindliche Kriegsmacht darf sich der Contrebande während der Zufuhr bemächtigen, und dieselbe als gute Prise behandeln, aber sie hat kein anderes Strafrecht gegenüber den Neutralen auszuüben,

291 Die Beschlagnahme bezieht sich auf das Frachtschiff, welches die Contrebande führt, nur insofern, als es zum Vollzug der Wegnahme der Contrebande erforderlich ist, also nicht wenn die Contrebande nur einen untergeordneten Theil der Ladung ausmacht und daher ausgeschieden und für sich allein weggenommen werden kann. Das Schiff darf nur dann als Prise dem Nehmestat zuge-

sprochen werden, wenn der Schiffsherr gewusst und gestattet hat, dass das Schiff Contrebande zuführe.

292. Wenn die Verschuldung des Eigenthümers der Contrebande nicht aus den Umständen klar und dennoch die Beschlag- und die Wegnahme derselben wegen der offenbaren Bestimmung für die feindliche Kriegsführung gerechtfertigt ist, so hat der Nehmestat dem Eigenthümer den vollen Werth der weggenommenen Gegenstände zu ersetzen. In diesem Falle erscheint der nehmende Kriegsstat wie ein Zwangskäufer.

293. Der Kriegsstat darf sich keineswegs solcher Schiffe und Waaren bemächtigen, welche zwar für die Kriegsführung brauchbar sind, aber nicht dem Feinde sondern einem neutralen Lande, oder einem dritten Kriegslande, aber mit welchem er in Frieden ist, zugeführt werden.

294. Wird aber die Fahrt nach einem neutralen Hafen nur in der Absicht unternommen, um auf diesem Umwege sicherer die Kriegsführung des Feindes zu unterstützen, so ist die Beschlagnahme der Contrebande gerechtfertigt.

295. Die Beschlagnahme kann auf dem Kriegsfelde aber nicht in den neutralen Eigengewässern von der Kriegsmacht vollzogen werden. Zu dem Kriegsfelde wird auch die offene See gerechnet.

296. Die Zufuhr von Kriegstruppen auf neutralen Schiffen wird ebenso als Kriegscontrebande behandelt, wie die Zufuhr von Kriegsartikeln. Diese Truppen können kriegsgefangen gemacht werden.

297. Wenn jedoch friedliche Auswanderer, obwohl sie vielleicht die Absicht haben, sich in dem kriegführenden Lande anwerben zu lassen, demselben zugeführt werden, so ist diese Zufuhr nicht als durch Kriegsrecht untersagt zu betrachten.

298. Ebenso wenig ist es Contrebande, wenn ein neutrales Schiff friedliche Angehörige des feindlichen Landes, oder Gesandte derselben hin- oder wegführt.

299. Neutrale Schiffe, welche sich dazu hergeben, den Transport von feindlichen Truppen zu besorgen, verlieren dadurch jeden Anspruch auf den Schutz ihrer Neutralität und werden mit Recht als gute Prise behandelt, aber doch nur während sie diese feindliche Handlung vornehmen, nicht wenn dieselbe vollzogen ist, also nicht auf dem Rückweg ohne Kriegsladung.

300. Zum Schutz gegen den Missbrauch des neutralen Verkehrs zur Unterstützung einer Kriegspartei ist jeder Kriegsstat berechtigt, innerhalb des Kriegsfelds, wozu ausser dem feindlichen Eigengewässer auch die offene See in so weit gehört, als sie für die Fahrt dahin benutzt wird, auch die neutralen Schiffe während des Kriegs anzuhalten und zu untersuchen, ob sie nicht Contrebande führen.

301. Die Durchsuchung ist nicht gestattet in den Eigengewässern neutraler Staten und nicht in entlegenen Meeren.

302. Die Prüfung erstreckt sich auf die Statsangehörigkeit des Schiffes, und auf die Beschaffenheit, die Herkunft und Bestimmung der Ladung.

303. Berechtigt zu der Prüfung ist der Kriegsstat, beziehungsweise die zum Vollzug ermächtigten Kriegsschiffe.

304. Zunächst besteht die Prüfung nur in der Einsicht der Schiffspapiere.

305. Nur wenn ernste Verdachtsgründe sich zeigen, darf eine Durchsuchung der Schiffsräume selber vorgenommen werden, und nur wenn Contrebande wirklich vorgefunden wird, das Prisenrecht geübt werden.

306. Der Stat, dessen Kriegsschiffe die Durchsuchung vornehmen, ist dem neutralen State dafür verantwortlich, dass bei der Prüfung und Durchsuchung nicht mit ungebührlicher Gewalt und Härte verfahren werde.

307. Wenn der neutrale Stat durch Statsschiffe die neutralen Handelsschiffe begleiten lässt, und dem Kriegsstate die Versicherung gibt, dass die begleiteten Schiffe keine Contrebande enthalten, so

darf keine weitere Durchsuchung vorgenommen werden; sondern es hat sich das feindliche Kriegsschiff zu begnügen, die Vollmacht des statlichen Geleitschiffes einzusehen und durch dessen Vermittlung die erforderlichen Aufschlüsse über die geleiteten Schiffe zu empfangen.

308. Ergibt sich bei der Prüfung dieser Papiere ein ernster Verdacht von Contrebande, so wird zwar ausnahmsweise die Durchsuchung des verdächtigen Schiffes vorgenommen, aber es ist dem geleitenden Statsschiff Gelegenheit zu geben, bei der Vornahme derselben repräsentirt zu sein. Wird dann nach der Meinung des Kriegsschiffs Contrebande entdeckt, so ist dem Commandanten des Geleitschiffes davon Anzeige zu machen und dieser kann einen Officier beauftragen, der Stellung des vermeintlichen Contrebandschiffes vor das nächste Prisengericht und der Verhandlung vor demselben im Interesse des neutralen Schiffes beizuwohnen.

309. Dieser Schutz des neutralen Geleitschiffes erstreckt sich nur auf die früher schon ausdrücklich und nach vorheriger Prüfung in den Geleitschutz aufgenommenen Handelsschiffe, und kann nicht erst unterwegs angerufen werden, wenn ein neutrales Schiff ohne diese Vorsicht die Fahrt unternommen hat und nun befürchtet, durchsucht zu werden.

5. Blocade.

310. Die Kriegsstaten sind berechtigt, im Interesse wirksamer Kriegsführung feindliche Häfen, Festungen, unter Umständen eine bestimmte feindliche Küstenstrecke gegen jede Handelsverbindung auch mit Neutralen abzusperren.

311. Die Neutralen sind verpflichtet, eine wirksame Blocade während des Kriegs zu beachten.

Als wirksam gilt dieselbe, wenn der blokirende Kriegsstat die Zufahrt zu der blokirten Küste durch eine ausreichende Macht fortwährend und thatsächlich verhindert.*) Die blosse Erklärung der Blocade genügt nicht.

312. Für wirksam gesperrt ist ein Hafen dann zu erachten, wenn die Ein- und Ausfahrt entweder durch Kriegsschiffe, welche vor dem Hafen liegen, oder durch Landbatterien des blokirenden Stats verhindert werden. Eine bestimmte Anzahl von Kriegsschiffen wird nicht erfordert, eben so wenig als eine bestimmte Zahl von Kanonen der Landbatterie. Aber es muss die vorhandene Kriegsmacht nahe und stark genug sein, um nicht bloss in einzelnen Fällen, aber auch nicht nothwendig in allen Fällen, sondern regelmässig den Verkehr der Handelsschiffe verhindern zu können.

313. Weder ist eine fingirte Blocade durch ein blosses Decret, ohne die thatsächliche Geltendmachung zulässig noch eine Blocade

---

*) Pariser Congress vom 16. April 1856: **Les blocas pour être obligatoires, doivent être effectifs, c'est à dire maintenus par une force suffisante pour interdire réellement l'accès du littoral de l'ennemi.**

der Seehäfen durch hin und her fahrende Kreuzer ohne dauernde Kriegsstation.

314. Der Kriegsstat ist verpflichtet, die Blocade öffentlich und allgemein zu erklären und davon auch, soweit sein regelmässiger diplomatischer Verkehr reicht, insbesondere den neutralen Staten, deren Schiffe regelmässig dahin Handel treiben, vorher Anzeige zu machen, damit dieselben ihrerseits die Handelsschiffe von der ihrem Verkehr drohenden Gefahr Kenntniss geben können. Die vorherige Kenntnissgabe ist eine Bedingung der rechtmässigen Blocade. Wenn dieselbe aber wegen der grossen Entfernung des blokirten Hafens unthunlich erscheint, so dass die Anordnung der Blocade antecipirt werden muss, so ist jene Anzeige doch auch in diesem Falle möglichst zu beschleunigen.

315. Die Kenntnissgabe ist aber auch direct in einzelnen Fällen an die zur See befindlichen und sich in gutem Glauben nähernden neutralen Schiffe zu richten, damit dieselben dadurch veranlasst werden, nach einem nicht blokirten Hafen zu steuern, und dadurch den Folgen der Blocade, welche sie nicht verletzen, auszuweichen.

316. Die Blocade dauert nicht länger als sie wirksam ist. Segeln die Kriegsschiffe ab, welche dieselbe behauptet haben, oder werden dieselben vertrieben oder durch Stürme zerstreut, so hört die Verbindlichkeit der Neutralen die Blocade zu beachten von Rechts wegen auf, auch bevor die Aufhebung der Blocade erklärt worden ist. Nur wenn die Störung bloss eine momentane und vorübergehende war und ohne Verzug die wirksame Kriegsmacht zur Behauptung der Blocade wieder hergestellt wird, so wird angenommen, die alte Blocade daure fort.

317. Die Bedingungen, unter welchen der Kriegsstat ein neutrales Schiff wegen Verletzung der Blocade nehmen darf, sind:
    a) die Kenntniss der Neutralen von dem wirklichen Stand der Blocade;
    b) das Schiff muss während des Versuchs die Blocade zu brechen ergriffen sein.

318. Bei der Beurtheilung dieser Bedingungen des Blocaderechts ist voraus auf den guten Glauben zu achten, der aus den Umständen erschlossen werden kann. Es darf keineswegs übler Wille vermuthet werden.

319. Die blokirende Kriegspartei ist nicht berechtigt, ein neutrales Schiff ausserhalb der blokirten Gewässer zu nehmen, selbst dann nicht, wenn dasselbe der Blocade glücklich entkommen ist.

320. Die neutralen Schiffe, welche vor der Blocade in dem blokirten Hafen lagen, haben ein Recht zu fordern, dass ihnen die ungehinderte Ausfahrt gestattet werde, wenn sie nach einem unverfänglichen Bestimmungsorte fahren, ohne Kriegscontrebande, mit Ballast oder mit einer Ladung, welche sie schon vorher aufgenommen haben.

321. Den neutralen Schiffen darf nicht verwehrt werden, in der Noth vor dringender Seegefahr in dem blokirten Hafen eine Zufluchtsstätte zu suchen.

322. Ein neutrales Schiff, welches die Blocade verletzt, kann während der versuchten Verletzung weggenommen und confiscirt werden. Aber die Mannschaft verfällt keiner weitern Strafe.

323. Ebenso unterliegt die Ladung solcher Schiffe der Beschlagnahme und der Confiscation, ausser wenn der Eigenthümer der Waare nachweisen kann, dass die Verletzung der Blocade gegen seinen Willen versucht worden ist.

6. Prisengerichte.

324. Die Beschlag- und die Wegnahme sowohl feindlicher Schiffe als der neutralen Schiffe und ihrer Ladung ist der Beurtheilung der Prisengerichte unterworfen.

Das Prisengericht entscheidet über die Rechtmässigkeit der Prise und über die Folgen der Beschlag- oder Wegnahme.

325. Als zuständig wird in der Regel das Prisengericht des Nehmestates betrachtet, auch wenn das aufgebrachte Schiff ein neutrales ist, und nicht bloss in den besetzten feindlichen Küstengewässern, sondern wegen Führung von Kriegscontrebande oder Verletzung der Blocade auf offener See genommen worden ist.

326. Die Besetzung und Ermächtigung des Prisengerichts ist ein Act der Souveränetät des Kriegsstates, welcher die Prisengerichtsbarkeit übt.

327. Der Spruch des Prisengerichts ist für die Parteien verbindlich und begründet formelles Recht.

328. Indessen ist der Kriegsstat, welcher das Prisengericht bestellt hat, dem neutralen State verantwortlich für offenbares Unrecht, welches das Prisengericht im Widerspruch mit dem Völkerrecht den neutralen Eigenthümern zugefügt hat. Die Berufung auf die Landesgesetze, welche das Prisengericht angewendet hat, befreit nicht von dieser Verantwortlichkeit, wenn durch das Landesgesetz die natürlichen Rechte der Neutralen missachtet würden. (334.)

Entsteht darüber Streit zwischen dem Kriegsstat und dem

neutralen Stat, so ist dieser Streit nach völkerrechtlichen Grundsätzen und zunächst durch Unterhandlung und friedliche Mittel zu schlichten.

329. Die Einsetzung des Prisengerichts ist eine Handlung des Kriegsrechts. Die neutralen Staten setzen demgemäss keine Prisengerichte ein und gestatten auch nicht, dass ein Kriegsstat — weder durch Consuln oder Gesandte — auf ihrem Gebiete Prisengerichtsbarkeit übe.

330. Das Prisengericht ist auch dann zuständig, wenn der Nehmer das genommene Schiff in Folge von Seenoth nicht in einen Hafen des eigenen Stats hat bringen können, sondern dasselbe in einem neutralen Hafen gesichert hat.

331. Aus dem Asyl, welches der neutrale Stat auch dem feindlichen Nehmer sammt seiner Prise gewährt, folgt nicht eine selbständige Gerichtsbarkeit des neutralen States über die Rechtmässigkeit der Prise. Aber der neutrale Stat ist nunmehr in der Lage, gegenüber von völkerrechtswidrigen Wegnahmen — z. B. durch Kaperschiffe — den neutralen Eigenthümer leichter schützen zu können.

332. Hat aber der Nehmer die Prise in einen ihm feindlichen Hafen flüchten müssen, so findet eine Reprise Statt, welche die Wirksamkeit der ersten Prise aufhebt.

333. Die Prisengerichte haben bei ihren Entscheidungen die Grundsätze des Völkerrechts und die Gesetze und Verordnungen ihres Landes, so weit dieselben mit dem Völkerrecht in Harmonie zu bringen sind, zu beachten. Wenn sich beide widersprechen, so kann zwar das Prisengericht statsrechtlich genöthigt werden, dem Landesgesetze zu gehorchen. Aber es sind die besondern Landesordnungen möglichst so auszulegen und zu handhaben, dass sie in Uebereinstimmung mit den allgemeinen Grundsätzen des Völkerrechts verbleiben und immer wird der Kriegsstat den neutralen Staten verantwortlich, wenn die Vorschriften des Völkerrechts missachtet werden. (328.)

334. Das Verfahren vor dem Prisengericht richtet sich in Ermanglung völkerrechtlicher Vorschriften nach der Processordnung des Nehmestats. Die Neutralen haben aber ein Recht auf Vertheidigung und auf unpartheiische Rechtspflege.

335. Der Nehmer ist verpflichtet, sofort nach seiner Ankunft in dem Hafen, die Papiere des aufgebrachten Schiffes sammt dem Protokoll über die Nehmung dem Gericht zu übergeben und diesem die Untersuchung und Verfügung über das Schiff anheim zu stellen.

336. Wird die Nehmung als nicht rechtmässig erfunden, so ist Schiff und Ladung den Eigenthümern frei zu geben.

337. Auch wenn die Nehmung nicht gutgeheissen wird, kann doch dem Eigenthümer des genommenen Schiffes jede Entschädigungsforderung dann abgesprochen und es können ihm sogar die Kosten des Verfahrens auferlegt werden, wenn das Schiff durch sein Verhalten sich verdächtig gemacht hat.

338. Wenn dagegen der Nehmer keinerlei Grund hatte zur Beschlagnahme, so ist er verpflichtet, die Processkosten zu tragen und den Eigenthümer des genommenen Schiffs und der Ladung zu entschädigen. Ueber diese Entschädigungsforderung entscheidet das Prisengericht.

339. Den Eigenthümern des Schiffs und der Ladung ist Gelegenheit zu geben, ihre Ansprüche auf Herausgabe und auf Entschädigung vor dem Prisengericht zu verfechten.

340. Blosse Vermuthungen zu Gunsten des Nehmers und zum Nachtheil der Neutralen sind, wenn auch von der Völkersitte noch geduldet, mit den Grundsätzen einer unparteiischen Rechtspflege unvereinbar und daher auch von dem Völkerrecht nicht zu billigen.

341. Wird die Nehmung gutgeheissen, so wird das Eigenthum an Schiff und Ladung, in so weit als beide mit Recht genommen sind, in der Regel dem Nehmer zugesprochen, je nach Umständen mit gewissen Auflagen an den Nehmestat. Nur die genommenen Kriegsschiffe sind jeder Zeit dem Nehmestat, nicht dem Nehmer zuzusprechen.

342. Das Völkerrecht hindert nicht die Versilberung der in neutralem Hafen befindlichen Prise zum Vollzuge des Urtheils. Aber wenn der neutrale Stat gegen das Verfahren des Prisengerichts Beschwerde zu führen hat, so ist er, um sein Beschwerderecht zu sichern, berechtigt auch diese Versilberung zu untersagen.

343. Die neutralen Eigenthümer haben das Urtheil des Prisengerichts auch ihrerseits in soweit anzuerkennen, als nicht der neutrale Stat, dem sie zugehören, wegen völkerrechtswidrigen Verfahrens sie zum Widerspruch ermächtigt.

344. Die in geordnetem Verfahren dem Nehmer zugesprochene Prise kann nicht mehr durch Reprise demselben entzogen werden, sondern nur durch eine neue berechtigte Prise des feindlichen Nehmers.

345. Vor der gerichtlichen Verurtheilung der Prise kann dem Nehmer die Prise durch Reprise wieder abgenommen werden. In diesem Falle ist jedoch das neutrale Eigenthum von dem Wiedernehmer zu respectiren.

346. Sobald der Friede geschlossen ist, so hört auch alles Recht Prisen zu machen auf. Die nach dem Friedenschluss — wenn auch in gutem Glauben — vollzogenen Nehmungen sind sofort wieder zurück zu geben.

347. Die Prisengerichte sind, wenn nicht der Friedensschluss anders bestimmt, berechtigt die vor demselben anhängig gemachten Prisenprocesse auch nach demselben fortzuführen und durch Urtheil zu erledigen.